행복한 아이를 만드는 작은 용기,
조기유학

조기유학

행복한 아이를 만드는 작은 용기,

**유학을 결정하기 전 알아야 할
구체적인 진학 로드맵과
준비 가이드**

홍혜진 지음

블루
모스

아이는 부모의 경험과 생각을 뛰어넘는 삶을 살아야 합니다

제가 다니고 있는 회사에 두고 두고 회자되는 입사 면접 일화가 있습니다. 어학연수, 정규유학, 조기유학팀 중에 어느 팀으로 배정되기를 희망하는지 묻는 질문에 어느 팀이든 맡겨만 주면 열심히 하겠다는 지원자들 사이에서 "음, 저는 조기유학은 반대하니까 그 팀은 제외해 주세요"라고 말하는 튀는 지원자가 있었답니다. 당시 면접관으로 참여한 조기유학팀의 팀장은 그 사람을 팀으로 데리고 갔답니다.

약 12년 전의 일인데 당시 조기유학팀은 새로운 국가 및 프로그램의 개척이 필요했습니다. 또 자녀 일에 민감해질 수밖에 없는 부모 고객과 매일같이 상담하고, 장기간의 유학 절차를 학생과 함께 진행해야 했습니다. 나름의 배짱과 고집이 있어 보이는 그 지원자가 오히려 팀 업무에 적합해 보였다고 합니다. 조기유학팀에 가기 싫다던 그 지원자는 입사 후 업무에 적응하고 좋은 성과를 내며 곧 팀을 이끄는 팀장으로 성장했고 현재는 조기유학본부의 본부장 역할을 하고 있습니다. 혹시 눈치채셨나요? 그 사람이 바로 저, 홍혜진입니다.

끼워 맞추기식
진학과 취업 뒤에는

저는 조기유학은 물론 대학교나 대학원 유학의 경험도 없습니다. 미국으로 1년이 조금 넘는 기간 동안 여행 겸 어학연수를 다녀온 것이 전부입니다. 그런데 미국이라는 넓은 세상 속에서 만난 사람들은 참 다양한 경험과 목표를 가지고 있었습니다. 게다가 그들 중 조금 일찍 미국으로 건너와 교육을 받은 사람들에게는 공통점이 있었습니다. 타인의 시선보다 본인이 원하는 것에 집중한다는 점과 목표를 이루는 속도보다 올바른 방향인지 고민하는 데 시간을 많이 할애한다는 점이었습니다. 그들이 하는 선택들은 제가 살아오면서 했던 선택들과 참 달랐습니다.

인문계 고등학교를 다녔던 저는 졸업하면 당연히 4년제 대학에 입학해야 한다고 생각했습니다. '어떤 전공을 공부할 것인가'라는 고민보다는 '내 성적으로 어느 정도의 네임밸류를 가진 대학에 갈 수 있을 것인가'를 고민하며 입학 전형에 저를 끼워 맞췄습니다. 저에게 '그래야 한다'고 말한 사람은 아무도 없었으나 당시 학교의 분위기가, 사회의 분위기가, 저희 가정의 분위기가 그랬습니다. 아니 정확하게는 저에게 "너는 어떤 분야를 전공하고 싶니?"라든가 "너는 어떤 일을 하며 살고 싶니?"라고 묻는 사람이 없었습니다.

그렇게 대학에 입학하고 2학년이 되어 전공 심화 과목을 공부하기 시작하니 그제야 선택한 전공이 저와 전혀 맞지 않다는 것을 알았습니다. 다행히 학교 내 전과 전형이 있어 전공을 변경했지만, 지금 돌이켜보면 왜 빽빽한 영어 문법 시험 하나로 전과 가능성을 판단했는지는 의문입니다. 저는 자연과학대의 식품영양학과에서 사회과학대의 언론정보학과로 전공을 변경했는데 말이지요.

4학년쯤 되니 학교에는 대기업에 취업한 선배들의 노하우를 알려 주는 취업 특강이 쏟아졌고, 기업 인사 담당자들의 눈에 띄는 이력서 쓰는 법, 압박 면접을 이겨 내는 법 등의 기업 특강이 줄을 이었습니다. 강의를 들으면 들을수록 졸업을 하면 바로 취업해야 한다는 불안과 초조함이 생겼습니다. 저는 직업보다 이름을 들으면 모두가 알 만한 기업으로의 입사를 목표로 또 다시 저를 전형에 끼워 맞췄고 다행히 졸업하는 그 해 봄, 외국계 금융회사에 취업했습니다.

이번에도 결과는 뻔했지요. 저에게 맡겨진 반복적인 업무들을 마치고 퇴근할 때면 '나는 왜 3개월 동안 네 번이나 되는 면접을 그렇게 치열하게 준비했던 걸까' 하는 허탈한 생각이 들었습니다. 제가 했던 업무 자체를 비하할 생각은 전혀 없습니다. 다만 저의 3년 후, 5년 후 미래인 선배들의 업무 역시 크게 다르지 않았던 것으로 기억합니다.

사람들이 무모하다 했던
인생에서 가장 잘한 선택

무엇인가 잘못된 것은 같은데 그게 무엇인지는 알 수 없었던 답답한 일상을 보내던 어느 날, 문득 잠시 떠나야겠다고 결심했고 미국으로 출국했습니다. 친구, 가족, 직장 동료들이 "넌 잘못하는 거야. 너무 무모해"라고 말했던 이 선택이 돌이켜보면 유일하게 제 인생에서 잘한 선택입니다. 그곳에서 보낸 1년 여의 시간 동안 '이런 정보를 조금이라도 빨리 알았더라면 내가 다른 선택을 하며 살았을지도 모르겠구나' 하고 생각했기 때문입니다.

이를테면 고등학교 때 미국에 갈 기회가 있었다면 그곳에서 고등학교를 다니고 싶다고 했을지도 모릅니다. 또는 고등학교 졸업 후 국내 4년제 대학교가 아니라 캐나다의 2년제 대학교를 선택했을지도 모릅니다.

그 후 정보 하나에 사람의 인생이 달라진다는 사실을 직접 알려 주고 싶어서 '유학원'이란 곳에 입사 지원을 했습니다. 처음의 당돌했던 말과 달리 국가별 교육 제도와 학교, 프로그램 등을 배우고 실제 유학을 떠난 아이들을 지켜보니 조기유학을 반대하는 마음은 금세 접게 되었습니다. 제대로 알지도 못하면서 무지한 답변을 했구나 싶어 부끄럽기도 했지요.

아이들과 부모들을 직접 만나며 조기유학 전문 컨설턴트로 어느 정도 경험이 쌓이니 찬성을 넘어서 권유까지 할 수 있는 확신이 생겼습니다. 한 아이의 엄마가 되어 보니 엄마의 입장에서 엄마의 시각으로 해 주고 싶은 이야기도 생겼습니다.

조기유학이 수많은 기회 중
하나의 선택지가 되길

내 아이의 같은 반 친구 엄마와 커피를 마시며 아이들 교육에 관한 이야기를 하는 정도로 편안하게 읽어 봐 주셨으면 합니다. 그리고 바라건대 이 책을 읽는 중간 정도에는 자녀에게 줄 수 있는 수많은 기회 중에 조기유학도 한 번 고려해 볼 만하구나 하는 마음의 동요가 있었으면 합니다.

이 책을 쓸 수 있도록 많은 용기와 격려를 주신 서동성 대표님과 노동완 이사님께 감사드립니다. 12년 전 저를 조기유학팀 신입으로 데려간 당시 조기유학팀장, 김보경 이사님께도 감사의 인사를 전합니다. 또한 제가 책을 쓸 수 있도록 물리적인 시간을 제공해 준 남편 강승환 님과 친정엄마 김명순 여사님께 감사합니다. 마지막으로 제 아들 이안이가 훗날 이 책을 읽고 자신의 삶에서 필요한 기회가 무엇인지 고민하며 현명한 선택을 하는 청년으로 성장하길 바랍니다.

2022년 홍혜진

조기유학 컨설턴트의 생생한 사례가 가득!

11년간 현장에서 아이들과 부모님을 만나며 겪은, 생생한 성공 및 실패 사례를 담았습니다. 사례 속 아이들의 연령과 상황을 통해 내 아이의 미래를 그려 보세요.

나라별 입시 제도부터 예상 비용까지 총망라

미국, 영국, 캐나다 등 유학지의 교육 제도를 한국과 꼼꼼히 비교하고 아이의 상황에 맞춰 갈 수 있는 학교의 형태를 알려 줍니다. 가장 궁금했던 학교별, 프로그램별 예산도 안내합니다.

이런 아이에게는 이런 학교를 추천합니다!

영어만 확실히 떼고 왔으면 하는 아이, 이미 진로를 정한 아이, 대학 입시를 앞두고 가고자 하는 아이 등 아이의 상황에 맞는 조기유학 국가와 학교를 추천해 드립니다.

조기유학을 결정하기 전 꼭 해야 할 체크리스트

조기유학을 고민하는 상황이라면 먼저 점검이 필요합니다. 목표는 무엇인지, 아이가 스스로 할 수 있는 것은 얼마나 되는지, 나는 6개월 이상 아이를 못 봐도 괜찮은지 등 체크리스트를 제공합니다.

조기유학을 결정했다면? 이것만은 꼭!

유학원 선택, 거주 형태 선택 등 초기에 부모들이 흔히 궁금해하는 사항을 Q&A로 소개합니다. 또 한국 학교는 그만둘 것인지, 어떤 공부를 더 해야 하는지 등 입학 허가를 기다리며 꼭 해야 할 일도 알려 줍니다.

우리 아이 갈 수 있을까? 영어 시험지 맛보기

미국, 캐나다 등의 학교에서 조기유학생들에게 요구하는 영어 시험지 샘플을 부록으로 실었습니다. 우리 아이의 현재 영어 수준을 파악하고 조기유학의 가능성을 가늠해 보세요.

2장. 아이 상황별 구체적인 조기유학 로드맵

5장. 이런 경우 100% 실패한다

대한민국 엄마 아빠는 불안하다

대한민국의 엄마 아빠는 불안합니다. 아이가 태어난 기쁨도 잠시 아프지는 않을까 사고가 나면 어쩌나 불안합니다. 그 불안은 아이가 자랄수록 점점 커집니다.

같은 부모라도 엄마와 아빠가 불안을 느끼는 시기는 조금 다릅니다. 엄마들은 대개 아이가 교육기관에 들어가면서 불안해합니다. 이르면 유치원 때부터, 보통은 초등학교 때부터 생각이 많아지고 불안합니다. 다른 아이에 비해 뒤처진 것은 아닌지, 그 시기에 해야 하는 학습을 놓친 것은 아닌지 끊임없이 점검합니다. 이왕이면 교육은 빨리 해 줄수록 좋다고 생각하지요. 그래서 엄마들은 아주 어린 나이에도 어떤 기회가 있는지 알아보려고 조기유학 상담을 요청하는 경우가 많습니다. 유모차에 누워 있는 아기 또는 배속의 아기를 위해 찾아오기도 합니다.

　대개 아빠들은 아이는 밝고 건강하게만 자라면 된다는 마음으로 엄마들보다 여유가 있는 편입니다. '그냥 내버려 둬도 공부할 놈은 다 한다'고 생각하거나 '아내가 알아서 잘하겠지'라고 여기기도 합니다. 그러다 아이가 중학생 또는 고등학생이 되어서 생각보다 성적이 낮은 것을 알게 되면 그때서야 불안해합니다. 더 이상 엄마에게만 맡겨 두지 않고 직접 아이가 처한 문제를 해결할 수 있는 방법을 찾아보기도 합니다.

아이의 미래가 걱정될 때 하는
부모의 행동

　부모가 아이의 교육에 대해 불안을 느낄 때 흔히 하는 행동은 학원을 늘리는 것입니다. 하나를 다니고 있다면 2개로 늘리고, 두 개를 다니고 있다면 3개로 늘립니다. 또 아이를 통제하기 시작합니다. 부모의 계획만큼 아이가 따라 주지 않으면 다그치고 공부에 방해가 된다고 생각하는 아이의 행동에 제지를 가합니다. 휴대폰을 뺏거나 컴퓨터를 못하게 하고 외출을 금지하는 등 억지로라도 공부할 수밖에 없는 환경을 만듭니다.

　부모는 아이에게 왜 이렇게 공부하라고 하는 것일까요? 부모가 아이에게 공부를 시키고자 하는 이유는 결국 내 아이가 잘되길 바라는 마음에서 시작합니다. 빠르게 변하는 환경, 매번 달라지는 교육 정책에 외국에서 박사까지 해도 취업이 어렵다는 이야기가 들립니다. 아이가 나중에 커서 뭘 해 먹고 살 수 있을지 걱정이 앞섭니다. 조금이라도 안정된 미래가 보장되고 훗날 행복한 인생을 살기를 바라는 마음은 모두 같습니다. 단지 부모 자신에게 익숙한 방법을 아이에게 시도하는 것뿐이지요.

부모 세대는 소위 공부를 잘하고 좋은 대학을 가야 좋은 곳에 취직하고 이른바 '잘' 살 수 있었습니다. 학원이나 과외로 무장하면 좋은 성적을 받고 공부도 잘할 수 있었지요. 또 밤늦게까지 학교에 남아 공부하는 '자율학습' 방식이 익숙합니다.

부모가 만들어 준 내 아이의 하루는 어떤가요? 매일 아침 엄마의 잔소리에 겨우 눈을 떠서 학교로 향하고, 학교를 마치면 교문 앞에 대기하고 있는 학원 차를 타고 이 학원 저 학원을 돕니다. 집으로 오면 이미 깜깜한 밤입니다. 지친 몸으로 씻지도 않고 소파에 누워 스마트폰을 하거나 컴퓨터라도 켜면 숙제하라는 엄마의 잔소리가 다시 들리지요. 학교와 학원 숙제를 겨우 해 놓으면 10시가 훌쩍 넘습니다. 그렇게 잠이 들고 다시 똑같은 아침이 시작되지요. 대한민국의 모든 아이들이 이렇게 살지는 않지만 상급 학년일수록 아이들의 삶은 매우 건조하고 팍팍합니다. 삶의 의미와 가치를 찾기 어려운 것은 물론입니다. 부모가 정해 준 하루 일과가 나에게 필요한 것인지 스스로 생각해 볼 시간도 능력도 없습니다.

학원이 아닌
다른 기회도 있다

아이가 잘되고 행복하게 살길 바라는 마음에서 출발한 이 방법이 아이와 자신을 행복하게 만들어 주는지 돌이켜 보세요. 이렇게 하는 것이 맞는지 의문이 생기지 않나요? 그렇다면 처음으로 돌아가 아이에게 필요한 교육이 무엇인지부터 생각해 봐야 합니다.

교육의 사전적 의미는 '지식과 기술을 가르치며 인격을 길러 주는 것'입니다. 배우는 목적은 인격을 기르고자 하는 것이지, 좋은 점수를 받고 좋은 학교에 입학하거나 큰 회사에 들어가기 위한 것이 아니라는 뜻입니다. 인격은 철학적 관점에서 보면 도덕적 행위의 주체가 되는 힘을 말합니다. 자기 결정적이고 자율적 의지가 있는 것을 뜻하지요. 즉, 아이가 자신의 삶에 주도성을 가지고 주체적으로 살아가는 데 필요한 지식과 기술을 가르치는 것이 바로 교육입니다.

공부는 등수나 점수를 위해 억지로 해서는 안 됩니다. 궁금증이 생기는 분야를 스스로 탐구해야 합니다. 그러면서 자신에게 주어진 과제를 성실히 해 목표한 것을 이루고 때로는 실패를 경험해야 합니다. 무엇보다 자신에게 필요한 것을 스스로 찾아낼 수 있어야 합니다.

이제라도 아이에게 줄 수 있는 다른 기회가 있는지 알아봐야 합니다. 제가 만나는 부모들은 30대 후반에서 40대 후반이 대부분입니다. 조기유학을 경험한 부모는 매우 드물고, 유학을 경험한 부모도 많지 않습니다. 대학 시절에 어학연수나 교환학생을 다녀오기도 했지만, 그건 취업을 위한 통과의례였고 1년 남짓의 단기간이었습니다. 사정이 이러니 아이를 위한 다양한 방법 중에 '조기유학'을 쉽게 떠올리지는 못합니다. 건너 어느 집 아이가 조기유학을 갔다는 이야기를 들어는 봤지만 정작 그게 내 이야기가 될 것이라는 생각은 하지 못합니다. 어디서부터 어떻게 알아봐야 하는지 막막하기도 하고 괜히 알아봤다가 경제적으로 감당이 안 되는 선택을 하는 것은 아닌지 걱정이 앞서기도 합니다. 비단 경제적인 문제뿐 아니라 성공을 보장할 수 없다는 점도 부모들을 혼란스럽게 합니다. 학교의 모습이나 교육 방식을 보면 한국보다는 훨씬 나은 것 같은데, 조기유학을 다녀와 한국 학교에 적응하지 못했다거나 원하는 대학에 들어가지 못했다는 이야기도 종종 듣기 때문입니다. 때론 '얼마나 대단한 교육을 시키겠다고 먼 곳으로 아이를 보내?' 하고 냉소하기도 하지요.

부모들이 회피하는
새로운 기회

12년이 넘는 시간 동안 조기유학 컨설턴트로 일해 보니 조기유학은 다녀오는 것 자체만으로도 큰 의미가 있다고 확신합니다.

첫째, 아이는 좋든 나쁘든 새로운 경험을 할 수 있습니다. 아이에게 경험이 좋은 이유는 무엇일까요? 경험을 통해 넓은 세상을 보고 편협한 생각에서 벗어나 시각이 확장될 수 있기 때문입니다. 그러한 과정들이 축적되어 자신만의 세계관이 생기게 됩니다. 다양한 경험을 한 아이와 하지 않은 아이는 세상을 바라보는 수준에 차이가 나기 마련입니다.

둘째, 소통 능력을 키울 수 있습니다. 아이들이 살아갈 때 필수인 역량 중 하나지요. 유학을 가면 외국이라는 낯선 환경에서 처음 만나는 사람과 대화하거나 관계를 맺어야 합니다. 아이는 그 속에서 다양한 사람들과 소통하는 방법을 익힙니다.

셋째, 두려움을 극복해 내는 힘을 키울 수 있습니다. 어린 나이에 부모와 떨어져 낯설고 먼 외국으로 간다는 것 자체가 무척 두려운 일입니다. 아이가 수줍음이 많으면 부모가 지레 포기하기도 하는데, 사실 소극적인 성향의 아이일수록 용기를 내 극복했다는 성취감을 더 많이 느낍니다. 이렇게 한두 번 성취감을 맛본 아이는 다른 상황에서 낯선 것을 접해도 망설이지 않고 용기를 냅니다.

마지막으로 감사하게 됩니다. 집 떠나면 고생이라는 말은 정말 맞습니다. 아이가 원해서 간 유학일지라도 내 집만큼 편한 곳이 없으며 내 부모만큼 나를 생각해 주는 사람이 없다는 것을 알게 됩니다. 이런 경험을 통해 부모에게 감사하고 주변 친구들을 소중히 여기는 아이로 성장합니다.

부모가 가 보지 않은 새로운 길에 아이를 보내려고 하면 막막하고 불안한 것이 당연합니다. 이에 부모가 알고 있는 방법 안에서만 계속 맴돌거나 또 다른 기회가 있다는 사실을 회피합니다. 아이가 살아야 할 미래는 내가 살아 보지 못한 미래입니다. 아이는 내 경험과 생각을 뛰어넘는 삶을 살아야 합니다. 그렇다면 아이에게 필요한 교육 역시 지금 내가 알고 있는 방법이 아닌 새로운 방법이 있지 않을까요? 이제는 불안을 멈추고 다른 기회를 찾는 작은 용기를 내야 합니다. 부모의 작은 용기가 아이의 행복한 삶을 만드는 첫 단추가 됩니다.

1장

우리 아이,
조기유학 보내 볼까?

01 | 지금보다 행복할 아이의 미래를 위해

몇 해 전 우연히 어느 TV 프로그램을 시청했습니다. 연예인 부모와 그 자녀의 일상을 살펴보며, 교육 전문가들이 다양한 조언을 하는 프로그램이었습니다. 그날 출연한 연예인은 아이들의 교육을 위해 대치동으로 이사했다고 했습니다. 9살, 7살, 6살의 삼남매가 일주일 동안 다니는 학원의 개수는 총 34개. 주말의 대부분도 공부에 할애하고 있었습니다. 아이들은 과외 선생님이 집에 오는 시간이 되면 집안 구석으로 도망가 숨었습니다. 또아는 문제도 일부러 틀려 시간을 버는 행동도 했습니다. 전문가를 통해 진단해 본 세 아이들의 심리 상태는 우울감이 심했습니다. 저는 아이들의 상태보다 뒤이은 아이들 엄마의 반응이 더 놀라웠습니다.

"아이들이 하는 건 여기서는 평범한 수준이에요. 공부 습관을 들이는 과정인데 욕심이 조금 과해진 거 같기는 해요. 하지만 우리 아이들만 멈추면 주변 아이들에 뒤처져서 안 될 거 같아요."

우리나라에서 아이를 키울 때 다른 아이와 비교하고 경쟁하는 것은 피할 수 없는 부분입니다. 내 아이가 다른 아이보다 뛰어났으면 하는 마음은 모두가 똑같습니다. 시험 성적에 따라 순서가 정해지니 과정이야 어떻든 결과만을 중요하게 여기기도 합니다. 아이의 시험지 속 오답을 보며 '왜 이 문제를 어려워할까'가 아니라 '옆집 아이는 이 문제를 맞췄을까'가 궁금합니다. 아이가 백 점을 맞아 오면 잘했다고 칭찬하다가도 백 점 맞은 아이가 반에 10명이라는 이야기에 실망하기도 합니다.

영어, 수학은 초등학교 들어가기 전부터 시작하고, 학교 수업을 잘 따라갈 수 있도록 국어(논술), 과학 등을 추가합니다. 아이의 창의력과 감성을 키워 주기 위해서는 악기와 미술도 빼놓을 수 없지요. 학교에서 생존 수영이 필수 과목이니 수영 수업을 미리 듣고, 체육시간에 줄넘기를 배우니 선행할 수 있는 줄넘기 학원에 등록합니다. 정도의 차이는 있지만 제가 만나는 엄마들 역시 사교육은 필수라고 생각하며 대부분 2~3개 이상의 사교육을 시키고 있습니다.

내 아이의 문제가 되니
달랐다

엄마가 되기 전까지는 '꼭 저렇게까지 해야 할까?' 하는 것이 저의 솔직한 마음이었습니다. 막상 제가 엄마가 되어 아이를 키우다 보니 우리나라에서 아이를 키우며 주변 엄마들의 이야기, 옆집 아이의 상황에 흔들리지 않고 나만의 방식으로 교육시키는 것이 쉽지 않다는 사실을 깨달았습니다. 직업적인 특성 덕분에 아이 교육에 있어 나름 객관적이고 합리적인 철학을 가지고 있다고 생각했던 확신이 제 아이 앞에서는 무너졌다는 것이 더 솔직한 말이겠습니다.

아이가 어릴 때는 키와 몸무게를 비교하고 '우리 아이는 왜 아직도 못 걷지', '우리 아이는 왜 말을 못하는 거지?'라고 생각했고 아이가 조금씩 커 갈수록 학습 능력과 교육에 관해서 촉각을 곤두세우게 되었습니다. 유치원을 보낼 시기가 오자 아이의 발달 속도에 맞춰 창의력을 키워 주는 곳이 좋겠다 싶다가도 그런 곳을 다니다가 초등학교에 들어가면 적응이 힘들다는 이야기를 들으니 주춤했습니다. 한글과 동시에 영어를 술술 하는 주변 아이를 볼 때면 명색이 엄마가 조기유학 전문 컨설턴트인데 내 아이도 어릴 때부터 영어를 해야 하는 것은 아닌지 불안했습니다. 영어 유치원을 다니지 않은 아이들은 초등학교 때 갈 수 있는 영어 학원이 없다는 말에 조급해

하며 이곳저곳을 비교하고 있는 제 모습도 문득 발견했습니다.

'절대 다른 아이와 내 아이를 비교하지 말아야지'라고 마음을 여러 번 먹어도 비슷한 또래의 이야기를 들으면 내 아이가 자동적으로 떠오릅니다. 제가 상담하며 만나는 엄마 아빠들에게 강조했던 조언을 내 아이에게 적용하는 것이 얼마나 어려운지 매일 깨닫습니다.

다른 아이와
비교하지 않는 환경을 위해

누구는 구구단을 술술 외우는데, 내 아이는 아직 연산도 헤매고 있으니 수업 중에 혹시 뒤처져 자신감이 떨어지지 않을지 초조합니다. 상황이 이러니 그 이후도 눈에 보입니다. 아이가 4학년이 되면 다들 중학교 선행을 한다는데 그냥 중학교에 보내도 될지 불안할 테고, 아이가 중학생이 되면 무너지면 끝이라는 영어, 수학이 뒤처질까 봐 안달내고 간섭하는 엄마가 될 수밖에 없겠지요. 그래서 매일같이 흔들리는 마음을 잡고자 저의 직간접 경험을 토대로 아이를 대하는 교육 철학을 세웠습니다.

물론 이렇게 결심한 뒤에도 저는 아마 매일 흔들리고 반성하겠지요. 아이가 잘할 수 있는 것이 무엇인지 기다려 줄 수 있는 여유가 제게 있고, 아이는 학교 공부에만 충실해도 뒤처지지 않는다면 얼마나 좋을까요? 아이의 학습 역량을 '다른 아이보다'라는 기준으로 판단하지 않을 수 있다면 얼마나 좋을까요? 다른 아이와 비교하지 않고도 아이의 재능과 장점이 발견되고 키워 나갈 수 있는 환경이 대한민국에서 과연 만들어질 수 있을까요? 이 안타까운 현실을 벗어날 수 있는 기회가 있다면 아이에게 주고 싶습니다.

조기유학 컨설턴트의 교육 철학

- 영어 유치원은 보내지 않는다.
- 사교육은 아이의 성향을 기준으로 아이가 원하는 것으로 한다.
- 방학을 이용해서 가족 연수, 캠프 등을 보내고 선행이 아닌 예습을 한다.
- 혼자 조기유학을 보낸다. 단 본인이 가고 싶다는 의지가 있을 때 또 혼자 생활할 수 있을 때 보낸다.

요즘 우리나라 학교 수업시간에는 졸거나 엎드려 자는 아이들이 많습니다. 얼마 전 '한국인의 적정 수면시간'에 대한 기사를 읽었습니다. 일반적으로 한국인에게 가장 좋은 수면시간은 7~8시간이며, 그보다 덜 자거나 더 자는 경우 몸에 악영향을 끼쳐 사망률이 높아진다고 했습니다. 적정 수면시간은 나이대별로 차이가 있는데 초등학생인 6~13세는 9~11시간, 청소년인 14~17세는 8~10시간이었습니다. 하지만 현실은 어떨까요?

몸과 마음이
건강한 환경을 위해

여러분의 아이는 몇 시에 잠들어 몇 시에 일어나는지 생각해 보세요. 우리나라 학생 대다수가 수면 부족에 시달리고 있다는 것은 공공연한 사실입니다. 학교 수업시간에 졸거나 자는 것도 크게 문제 삼지 않습니다. 자는 아이들을 깨우다 보면 수업이 계속 끊겨 열심히 수업을 듣는 아이들에게 방해가 된다는 이유입니다. 혹은 어차피 깨운다 해도 공부하지 않는 것은 마찬가지라며 모른 척 넘어가기도 합니다. 심지어 학원이나 과외 수업으로 힘들었으니 학교에서 적당히 자야 한다고 생각하는 부모도 있습니다. 부모가, 교사가, 이 사회가 아이들의 수면 부족을 용인하는 것이지요.

하지만 대부분의 조기유학 국가에서는 수업시간에 잠은 고사하고 조는 행위를 매우 엄중하게 처벌합니다. 다음 날 수업을 위해서 적어도 10시에는 잠을 자야 한다고 강조합니다. 밤늦은 시간까지 공부를 하기 위해 깨어 있겠다는 아이들에게 공부는 수업시간에 하는 것이고, 수업이 끝난 후에도 충분한 시간이 있으니 건강을 위해서 밤에는 꼭 잠을 자야 한다는 말을 여러 번 전달한 적이 있습니다.

저 역시 이 주장에 100% 동의합니다. 충분히 자는 것은 신체 건강과 정서적 안정을 위해 매우 중요합니다. 기본적인 체력이 좋지 않아 자주 아프거나 피로를 쉽게 느끼는 아이들은 공부를 할 때도 지치고 짜증이 난 상태로 학습에 임하기 쉽습니다.

이런 이유로 미국, 영국, 캐나다 등의 학교에서는 아이들에게 방과후 클럽 활동을 활용해 한 가지 이상의 운동을 하도록 권장하고 있습니다. '0교시 체육'을 활성화해 많은 효과를 보고 있는 미국 일리노이주의 한 고등학교가 좋은 예입니다. 이 학교는 전교생에게 최대 심장 박동치의 80~90%에 달하는 격렬한 운동을 시켰더니 참가 학생의 17%가 학기 초보다 읽기와 문장 이해력이 향상됐다는 결과를 발표했습니다.

우리나라는 어떤가요? 방과후에 운동은커녕 정규 체육 수업시간도 초등학교와 중학교는 주당 3시간, 고등학교는 주당 1~2시간에 불과합니다. 그마저도 고학년이 될수록 사라집니다. 특히 고등학교 3학년 체육시간은 자습시간으로 대체되는 것이 당연시되지요. 세계보건기구(WHO)는 2019년 "한국 청소년(11~17세)의 94%가 적정 운동량을 채우고 있지 못하며 이는 146개 국가 중 꼴찌"라고 지적한 바 있습니다. 참 부끄러운 현실입니다.

신체활동, 특히 함께하는 운동은 아이들의 삶에 매우 좋은 영향을 끼칩니다. 아이들은 함께 어울리며 순서를 기다리고 약속을 지키고 때론 양보하며 또래 관계를 배웁니다. 나아가 사회생활의 아주 기본적인 규칙에 대해서 배웁니다. 특히 팀을 이루는 운동으로는 타인의 생각과 감정을 이해하고 갈등을 조율하고 타협하는 등의 기본적인 소통 방식을 배웁니다. 팀 내에서 자신의 역할에 따라 책임감도 배우며 실수와 실패를 인정하고 다음 목표를 향해 다시 노력하는 마음가짐도 배웁니다. 그 어느 형태의 교육보다 가장 효과적입니다.

학업이나 일상생활에서 받은 긴장이나 우울감 등의 부정적인 감정도 신체활동을 통해 해소할 수 있습니다. 운동이 우울증을 해결하는 데 도움이 된다는 연구 결과는 쉽게 찾아볼 수 있지요. 심지어는 운동이 상담, 약물 치료만큼 효과가 좋다는 연구도 있습니다. 실제로 운동을 하다 보면 고위 인지 기능을 관장하는 전두엽, 특히 전전두엽의 혈액순환이 좋아지고 기능이 회복된다고 합니다. 공부를 하다가 공부가 잘 안 되면, 계속해서 앉아 있는 것보다 차라리 책을 덮고 나가서 한 시간 정도 실컷 뛰고 와서 다시 공부를 하는 것이 훨씬 도움이 되는 것이지요.

부모는 자녀가 자신보다 조금 더 나은 삶을 살았으면 하는 마음으로 열심히 공부하라고 합니다. 물론 맞는 말입니다. 학생의 본분은 공부이니 열심히 본분을 다해야 미래를 준비할 수 있고, 많은 기회가 올 테니까요. 그러나 제가 생각하는 조금 더 나은 삶은 과정이 기쁘고 행복한 것입니다. 신체와 마음이 건강할 때 기쁘고 행복할 수 있습니다. 그 환경을 아이에게 만들어 주고 싶습니다.

02 | 우리나라의 공교육
이대로 괜찮을까?

　　코로나로 많은 것들이 변했습니다. 그중 다른 분야에 비해 다소 천천히 변해 왔던 공교육은 코로나로 인해 급격한 변화를 맞았습니다. 처음에 공교육이 변화를 꾀하기 시작한 이유는 사실 코로나가 아닌 '4차 산업혁명'이었습니다. 1차 산업혁명이 기계화, 2차 산업혁명이 대량생산화, 3차 산업혁명이 정보화라면 4차 산업혁명은 '융합'입니다. 즉 4차 산업혁명이란 물리 세계, 디지털 세계, 그리고 생물 세계가 융합되어 경제와 사회 등 모든 영역에 영향을 미치는 새로운 산업혁명을 말합니다. 사물인터넷(IoT), 로봇공학, 가상현실(VR) 및 인공지능(AI)과 같은 혁신적인 기술이 우리의 일상을 변화시키고 있습니다.

현실과 동떨어진
고교학점제의 도입

학교에서는 원격 수업이 시작되었고 그 밖에서는 온라인 교육 시스템, 디지털 교육 콘텐츠들이 쏟아져 나왔지요. 이제 학생이나 교사, 학부모 모두 비대면 수업에 익숙해졌습니다.

교육부는 2021년 2월까지만 해도 현재 중학교 1학년이 고등학교 1학년이 되는 2025년에 고교학점제를 전면 시행한다고 했습니다. 하지만 2021년 8월, 현재 중학교 3학년이 고등학교에 입학하는 2023년부터 단계적으로 시행하기로 계획을 수정했습니다. 사실상 시행 시기를 2년 앞당긴 것이지요.

'고교학점제'란 학생들이 흥미와 희망 진로에 따라 다양한 과목을 선택해 수강하고, 누적 학점으로 졸업을 인정받는 제도입니다. 모두 동일한 시간표에 따라 수업을 듣고 시험으로 점수를 받던 교육 방식에서 벗어나 스스로 시간표를 만드는 방법입니다. 이미 캐나다와 미국에서는 시행하고 있는 수업 형태입니다.

4차 산업혁명 시대에는 기존의 수많은 직업이 사라지고 완전히 새로운 직업이 등장할 것이라고 합니다. 아이들에게 스스로 자신의 진로를 개척하고 자기주도적으로 학습하는 힘이 매우 중요해지겠지요. 고교학점제는 변화하는 환경에 맞춰 아이들을 학습의 주체로 놓겠다는 의지의 표현입니다.

저는 고교학점제 도입 취지는 대체로 공감합니다. 획일화된 입시 위주의 교육에서 벗어나 아이들이 적성과 진로에 맞게 다양한 수업을 선택해 들을 수 있다는 점에서 긍정적으로 바라보고 있습니다. 하지만 전면 도입까지 채 3년이 남지 않은 현재, 현장의 학교와 교사들은 얼마나 준비가 잘되어 있을까요?

한국교원단체 총연합회에서 2021년 8월 전국 고등학교 교사 2,200여 명을 대상으로 설문 조사한 결과, 응답자의 72.3%가 고교학점제에 반대하는 것으로 나타났습니다. 교사들이 고교학점제 도입을 반대하는 가장 큰 이유는 '학교 현장의 제도 이해 및 제반 여건 미흡'이었습니다. 특히 직업계고 교사의 경우 절반에 가까운 45.6%가 여건 미흡을 이유로 반대 입장을 보였습니다. '고교학점제의 도입으로 과목 선택이 확대될 경우 교사 수급이 문제될 것으로 생각하는가'라는 물음에는 무려 91.2%가 그렇다고 답했습니다.

현재 과목보다 더 다양한 과목이 제공되어야 학생들이 스스로 과목을 선택하고 자신의 진로를 고민할 수 있을 것입니다. 하지만 학교마다 그 과목을 가르칠 전문 선생님을 확보할 수 있는지는 의문입니다. 즉 훌륭한 취지로 제도를 개선하지만, 그 제도가 제대로 운영되기 위해 해야 할 일과 자원 확보는 되지 않고 있는 것이 현실입니다.

또 한 가지 문제점은 대학 입시 제도를 바꾸지 않은 채 도입하는 것입니다. 고교학점제에 맞춘 새로운 대입 제도는 2028년 시행 예정으로 학생들은 학점제 교육을 받으면서 대학 입시는 수능 시험을 기반으로 하는 기존 체제로 치러야 합니다. 교육과 입시 제도 간 엇박자로 학생들이 수능에 유리한 과목만 골라 듣게 되지 않을까요? 그렇다면 학점제의 취지를 살릴 수도 없을뿐더러 아이들의 혼란은 가중될 것입니다.

사정이 이렇다 보니 고교학점제를 활용해 입시를 준비하는 사교육은 더욱 기승을 부릴 수밖에 없습니다. 고교학점제에서 상대평가인 주요 과목에 대한 선행학습 욕구는 더 늘어납니다. 입시에 써먹을 논술이나 다양한 사교육 광고도 벌써 눈에 많이 띕니다. 실제로 고교학점제를 먼저 시행하고 있는 시범학교의 교사들 10명 중 9명은 고교학점제에 부정적인 입장을 나타냈습니다. 준비되지 않은 채 선진국의 좋은 사례만 보고 따라가기 식으로 하는 도입은 오히려 교육의 질을 떨어뜨릴뿐더러 교육 불평등만 심화시킬 것입니다.

**허울 좋은
자유학기제 혹은 자유학년제**

'자유학기제'란 2016년부터 전국 중학교에서 학생 스스로 진로를 찾게 만든 제도입니다. 1학기 동안 중간고사, 기말고사 없이 자신의 진로를 탐색하고 토론, 체험 활동 등을 통해 자기주도적이고 능동적인 힘을 기를 수 있도록 합니다. 학교는 1학년 1학기부터 2학년 1학기 중 한 학기를 선택해 참여형 수업으로 진행할 수 있습니다. 대부분의 학교는 중학교 1학년 때 자율학기제를 시행하고 있습니다. 자유학년제는 2018년부터 실시되고 있으며 말 그대로 진로 탐색 과정을 학기제가 아닌 학년제로 시행하는 것을 의미합니다.

교육부는 자율학기제의 목적을 '학생들이 시험 부담에서 벗어나 행복한 학교생활 속에서 스스로 꿈과 끼를 찾고 창의성, 인성, 자기주도 학습 능력 등 미래 사회가 요구하는 역량을 배양하는 것'이라고 했습니다.

오로지 입시만을 위한 초중고 12년을 보낸다고 해도 과언이 아닌 현재의 교육에서 '스스로 꿈과 끼를 찾는다'는 말이 주는 의미가 참 각별하게 느껴집니다. 내 아이가 이 제도를 통해 다양한 체험을 하며 자신의 미래에 대해 생각하고 계획할 수 있다면 이보다 바람직할 수 있을까요?

그런데 재미있는 사실 한 가지는 이 자유학기제가 시행되면서 예비 중학교 1학년 아이를 둔 부모들의 조기유학 상담이 굉장히 늘었다는 것입니다. 바른 목표와 좋은 취지를 가진 제도가 분명한데 왜 이 시기에 오히려 유학을 보내려는 것일까요?

자율학기제 끝나자마자 중간고사 보는 중2

"주위에 보니까 그렇게 시험 없는 중학교 1학년을 보내고 2학년이 되어서 중간고사를 보면 성적이 바로 바닥이더래요. 결국 국영수과 주요 과목은 학원을 더 보내야 하는 건데… 학교에서 팀 짜서 과제 해라, 프로젝트 해라 하니까 애는 또 시간이 없고. 그렇게 1년 보내는 게 의미가 없겠더라고요."

자유학기제를 바라보며 조기유학을 고려하게 된 이유로 어느 엄마가 한 말입니다. 현실이 이러합니다. 취지는 좋지만 학교 현실과 동떨어져 있다는 것이 문제입니다. 부모마다 차이가 있지만 아이의 교육 문제에 큰 관심이 없던 부모도 아이가 중학교에 들어가면서 아이의 성적에 민감할 수밖에 없습니다. 대학교 입시에 직결되는 입시 경쟁이 본격적으로 시작되는 시기이기 때문입니다.

입시를 고려하지 않을지라도 중학교 2학년부터는 중간고사를 보는 교육 제도가 시작됩니다. 자유학기제 동안 아이들의 학습량이 적어 기초 학력이 떨어진다는 우려가 부모들 사이에서는 끊이지 않고 있습니다.

이런 심리를 이용한 사설 학원들은 이른바 '자유학기제 마케팅'을 펼치며 부모들을 끊임없이 설득합니다. 중2부터는 바로 입시 궤도가 시작되는데, 그것에 대한 대비를 학교에서 할 수 없으니 결국 부모들은 사교육을 선택할 수밖에 없습니다.

적성을 찾는 데
도움이 되지 않는 교육 제도

2021년 5월 자유학기제를 경험한 2,802명의 학생을 상대로 조사한 〈서울경제〉 기사에 의하면 81.7%가 '자유학기제가 적성을 찾는 데 도움이 되지 않았다'고 답했습니다. '자유학기제를 후배들에게 추천하느냐'는 질문에 과반인 55%가 '추천하지 않는다'고 말했으며 '자유학기 동안 사교육을 받았다'는 응답자가 75.1%, '자유학기 동안 선행 학습을 했다'는 응답자는 67.6%에 달해 자유학기가 사교육 기간으로 변질된 모습도 나타났지요.

자유학기제에 대한 학생들의 답변   (단위: %)

자유학기제가 적성을 찾는 데 도움이 됐습니까

예 18.3	아니요 81.7

자유학기 동안 선행학습을 했습니까

예 67.6	아니요 32.4

자유학기 동안 사교육을 받았습니까

예 75.1	아니요 24.9

후배들에게 자유학기제를 추천합니까

예 45.0	아니요 55.0

출처: 종로학원하늘교육

정부가 진로 탐색을 돕겠다며 자유학기제를 도입했지만 아이들은 적성을 찾지 못하는 것은 물론 학업 공백으로 인한 성적 저하까지 걱정하는 것이 현실입니다. 특히 지난 2년 동안에는 코로나19

로 대면 활동이 어려운 상황이 지속됨에도 불구하고 교육부는 오히려 자유학기제를 확대해 그 피해는 고스란히 아이들이 감수해야만 했습니다.

또한 실제 자유학기제를 경험하는 엄마들의 이야기를 들어 보면 자유학기제의 취지에 맞는 소규모 체험 활동 공간이 부족한데다 프로그램 수도 부족해 아이들이 제비뽑기 등으로 우선순위를 정하고 있다고 했습니다. 이러다 보니 아이가 원하지 않는 체험 프로그램을 듣게 되는 상황이 발생하는 것이지요. 수도권이 아닌 지방의 상황은 더 열악합니다.

직업 체험할 곳이 없는 지방 소도시 아이들

"서울 애들은 어디 갈 데라도 많겠죠. 큰 애 보니까 만날 똑같은 박물관만 가더라고요. 그럴 거면 차라리 1년 동안 여행처럼 다른 나라를 경험하게 하려고요."

자유학기제를 앞둔 시기에 단기유학을 보내고자 상담을 진행한 한 엄마의 이야기입니다. 농어촌 지역의 경우 인프라가 부족해 다양한 직업을 체험하기 어려울뿐더러 프로그램 참가를 위해서는 장거리 이동을 해야 하는 불편함이 있다고 합니다. 상황이 이러하니 지역 문화 견학이나 부모님 직업 체험 등으로 대체하고 마는 것이 현실이지요.

교육부에서는 '꿈길'이라는 자유학기제 홈페이지(www.ggoomgil. go.kr)를 만들어 운영하고 있습니다. 이 홈페이지를 통해 각종 업체들이 체험처 등록 및 진로 체험 기관으로 인증을 받습니다. 학생들은 이렇게 인증을 받아 등록된 업체에 진로 체험을 하러 가는 형태이지요.

그런데 체험할 수 있는 직업은 매우 한정적이고 특히 지방 소도시의 경우 더욱 심합니다. 서울을 중심으로 한 수도권 지역에 모든 산업이 몰려 있으니 진로 관련 기관이나 교육 프로그램도 서울에 몰려 있는 것은 당연한 일이지요. 좋은 의도로 시작된 자유학기제가 지역 불평등을 초래하는 결과까지 가져오는 현실입니다.

그렇다고 서울에서 학교를 다니는 아이들 모두가 만족스러운 진로 체험을 하고 있는 것도 아닙니다. 좋은 진로 체험 프로그램이 있어도 한정된 수업시간 내(대개 오후 5~6교시 2시간)에 진행해야 하기 때문에 오고 가는 데 시간이 다 허비되어 체험이 아닌 견학 수준으로 끝나는 경우가 허다합니다.

그마저도 전국의 많은 학교들이 자유학기제를 1학년 2학기에 실시하고 있어 동일 시기에 신청이 집중되니 진로 체험 기관은 더 부족합니다.

아일랜드의 전환학년제를
떠올리며

자유학기제의 원조는 1974년 아일랜드에서 도입된 '전환학년제 (Transition Year)'입니다. 아일랜드는 이 제도를 만들고 무려 20년 간 시범 운영을 했습니다. 그리고 또 다른 20년 동안 천천히 정책을 확대했습니다. 반면 우리나라는 정책을 우선 정한 직후인 2013 학년도 2학기에 시범 운영을 거친 뒤 3년 만인 2016학년도부터 모든 중학교에서 실시했습니다.

새로운 교육 제도의 운영은 질 높은 교사를 비롯한 교육 환경, 재원 등의 인프라 구축이 선행되어야 합니다. 단편적인 어느 한 학년이 아니라 초중고 그리고 입시 제도까지 함께 고민하고 치밀하게 계획해야 합니다. 그 후 신중한 시범 운영으로 전면 도입을 결정해야 하지요. 그렇지 않으면 아이들을 위한다는 좋은 취지의 제도가 오히려 아이들을 혼란스럽게 만들며 공교육에 대한 신뢰를 사라지게 만듭니다.

03   학교가 아이를 평가하는 기준은 무엇일까?

조기유학을 고려하는 아이의 연령은 점점 어려지고 있습니다. 소위 말하는 외국의 명문 대학교 입학이 목표였던 약 8~10년 전만 해도 고등학생 유학이 많았습니다. 하지만 최근 몇 년 사이 제가 만난 아이들의 대부분은 만 12~14세입니다.

중1까지는 우등생,
중2부터는 열등생?

그중에서도 중학교 2학년의 문의가 상당히 늘고 있습니다. 또 4월 말에서 5월 초에 상담이 늡니다. 이유가 뭔지 혹시 짐작되나요?

중학교에 들어가 처음으로 중간고사를 보고 난 후 조기유학을 고려하는 부모가 늘어난 것입니다. 왜 유독 중학교 2학년일까요? 공부 잘하는 아이와 그렇지 않은 아이로 나뉘는 학년이 중학교 2학년이기 때문입니다.

열등감에서 벗어나 공부하고 싶은 중2 수진이

작년 봄 수진이 엄마를 만났습니다. 조기유학을 고려하는 목적을 물으니 '아이가 좌절감과 열등감을 느끼지 않으며 공부하길 바란다'고 했습니다. 수진이는 어린 시절부터 또래 아이들보다 체격도 크고 성격도 어른스러워 초등학교 입학 후 늘 선생님을 돕는 역할을 했다고 합니다. 그 덕분에 선생님들은 항상 수진이를 칭찬하고 수진이도 즐겁게 학교생활을 해 왔다고 합니다. 그러나 즐거움은 중학교 1학년 때까지였습니다.

중학교 2학년이 되니 학교 수업은 시험을 준비하는 방향으로 바뀌었고, 같은 반 친구들 대부분은 이미 학원에서 학교 수업을 다 배워 왔습니다. 그동안 수진이는 방과후에는 본인이 하고 싶은 운동이나 취미 활동을 해 왔습니다. 수진이 엄마는 학교생활을 즐거워하며 늘 좋은 평가를 받는 수진이를 믿어 주었다고 합니다. 중학교 2학년부터 시험으로 평가한다는 것을 알고 있었지만 수진이에게 높은 성적을 바란 것이 아니었기에 수진이의 의사를 충분히 존중했고 불안하지도 않았다고 했습니다.

그런 수진이가 중학교 2학년이 되니 수업에 흥미를 잃어 갔습니다. 시험에서 낮은 성적을 받으니 자신감을 잃고 열등감까지 생겼다고 합니다. 학교생활이 즐거울 리가 없겠지요. 한 번 좌절감을 느끼고 나니 아직 열다섯 살밖에 안 된 아이가 어느 것도 도전하려 들지 않는다고 했습니다. 학교에서 내 주는 과제나 친구들과 함께 하는 프로젝트에도 매우 소극적이 되었고, 어차피 친구들은 학원에서 과제를 다 해 온다며 의기소침하거나 신경질적인 모습까지 보인다고 했습니다.

수진이 엄마는 학원을 이제라도 보내 볼까 했지만, 이미 학교 공부 자체에 흥미를 잃은 아이에게 근본적인 해결책이 될 수 없다 판단해 저와 만나게 되었습니다. 1년 아니 몇 개월 전까지만 해도 우수한 학생이라 칭찬받던 아이가 한순간 열등생이 된 원인이 아이에게만 있는 것일까요? 어떤 기준으로 아이를 우등생과 열등생으로 나누는 것일까요?

삼남매를 모두 조기유학 보낸 교사 부부

몇 해 전 만난 삼남매 엄마와의 대화는 제 기억 속에 또렷하게 남아 있습니다. 첫째 아이는 이미 우리나라에서 고등학교를 졸업 후 미국 대학교로 유학을 간 상태였습니다. 둘째 아이는 그보다 조금 빠른 고등학교 1학년 때 미국 고등학교로 유학을 가서 대학교 입학을 앞두고 있었고, 막내딸 민아는 당시 중학교 2학년이었습니다. 민아 엄마는 첫째와 둘째가 차례로 대학에 진학하고 현지에서 공부하는 것을 지켜보며 막내는 조금 더 일찍 유학생활을 시키기로 마음먹었다고 했습니다. 언니 오빠의 유학생활을 옆에서 간접 경험한 민아의 의지도 중요하게 작용했지요. 입학 원서를 작성하며 민아 엄마가 고등학교 과학 교사, 민아 아빠는 고등학교 교감이라는 것을 알게 되었습니다. 현직 선생님들이 자녀를 모두 유학 보낸다니 흥미로웠습니다.

첫째 아이는 학창 시절 내내 성실한 학생이었다고 합니다. 내신과 입시에 맞춰 열심히 공부했지만 수능 시험에서 실수하는 바람에 만족스러운 결과를 얻지 못했고, 재수 대신 선택한 것이 미국 대학이었습니다. 재수 학원이 아닌 토플과 SAT 학원에 등록했고, 정말 지독하게 공부해 미국의 중상위권 대학에 입학했다고 합니다. 그리고 입학한 이후 한동안 중도 포기를 하고 싶을 만큼 힘든 시기를 보냈다고 합니다. 토플 시험 점수는 높아도 영어 수업은 따라가기가 어려웠던 것입니다. 한국에서 논술 시험에 대한 경험이 꽤 있었음에도 제출하는 레포트마다 낮은 점수를 받았습니다. 우여곡절 끝에 3학년이 되고 나서야 교수의 강의 내용, 관점, 용어를 그대로 외우고 받아들여서 썼던 레포트들이 모두 낮은 점수를 받았다는 것을 깨우쳤답니다.

첫째 아이는 우리나라에서는 한번도 교사가 이야기하는 것에 의구심을 품거나 이의를 제기한 적이 없었습니다. 수업시간에 누구보다 열심히 필기를 하고 교사가 알려 주는 생각과 개념을 그대로 암기해 시험을 보고, 좋은 성적을 받았던 것이지요. 교수의 생각과 동일한 관점으로 비슷한 논리를 적는 것이 좋은 점수를 받는 길이라고 생각했는데 자신의 생각이 중요하다는 것을 대학 입학 후 꼬박 2년이 걸려 알게 되었다고 했습니다.

둘째 아이는 첫째 아이의 강력한 권유로 고등학교 2학년 때 유학길에 올랐습니다. 둘째 아이가 유학을 가서 가장 애를 먹은 것은 우리나라에서 늘 했던 벼락치기가 불가능한 것이라고 합니다.

"우리나라는 학기 중에 보는 몇 번의 시험 결과로 모든 것이 결정되기 때문에 어느 정도 벼락치기가 가능해요. 실제로 수업시간에 누워서 자거나 학교에 결석하는 아이들도 방과후에 과외를 하거나 학원을 다니면서 내신 시험을 준비하고 좋은 점수를 받기도 해요. 하지만 미국에서는 수업 출결과 태도, 과제, 프로젝트, 중간 퀴즈 등이 점수로 평가되니 벼락치기가 불가능했어요. 1년 내내 수업시간에 하는 모든 활동이 평가의 대상인 셈이더라고요. 그러다 보니 저도 여기서 공부하면 시험을 위한 공부가 아닌, 진짜 지식을 익히고 제 생각으로 발전시키는 공부를 할 수 있을 것이라는 확신이 생겼어요."

학교 시험이
아이의 학업 능력을 다 알 수 있을까

민아 엄마는 둘째 아이의 이야기를 하며 우리나라 수업도 그런 방식으로 진행되면 좋겠지만 현실적으로 불가능하다고 했습니다. 그래서 조금이라도 빠른 시기에 막내 아이를 유학 보내기로 결심했다고 합니다.

그도 그럴 것이 우리나라는 똑같은 교과서 사용이 의무이며, 교과서 검정 기준이 매우 상세합니다. 대부분의 서구 선진국은 교사가 교과서를 선택하거나 교과서 없이, 교사가 준비한 인쇄물이나 기타 자료들로 수업합니다. 교사의 재량껏 학생을 평가할 수 있기 때문에 이러한 수업의 형태가 가능한 것이지요.

같은 학년의 모든 학생이 똑같은 시험 문제로 평가받아야 하는 우리나라는 설령 교사가 다른 자료를 활용한 수업을 한다 해도 어쩌다가 한두 번이지 매 수업을 그렇게 진행할 수는 없습니다. 교과서 밖의 내용으로 수업이 채워지는 동안 다른 반의 수업은 정해진 교과서로 진도가 쭉쭉 나가고 시험 문제는 그 교과서 안에서 나오니까요. 재미있는 수업을 하는 동안 내 옆 반 친구는 시험에 나오는 지문들을 밑줄 그으며 외우고 있다면 어떻게 될까요? 새로운 수업이 아무리 흥미롭고 아이들의 창의력을 길러 주는 방식이라고 한들 결국 모두가 외면하게 되겠지요. 아마도 학부모들의 항의가 상당할지도 모르겠습니다. 당장 아이에게 필요한 시험 점수를 높여 주지 못하니까요.

막내 민아는 엄마의 바람대로 미국 동부 소도시의 학교로 진학했습니다. 1학기를 보내고 온 민아는 엄마에게 이렇게 말했습니다. "엄마, 여기는 수업시간에 그냥 소설 하나를 처음부터 끝까지 읽어. 〈노인과 바다〉에서 내가 꼭 노인 같더라니까."

우리 아이가 배운 작품 하나를 떠올려 봅시다. 그 책을 학교로 가져가 한 권의 책 전체를 읽는 수업을 받은 적이 있나요? 대개 중고등학교 문학 수업은 작품 전체를 다루지 않습니다. 장편 소설은 물론이고 단편 소설 역시 작품의 일부만 교과서에 실립니다. 아이들은 소설의 일부를 읽고 작가가 그 문장을 통해 표현하고자 하는 의도가 무엇인지 골라내는 문제를 풀어야 합니다. 그 정답은 누가 정하는 것일까요? 작가가 아닌 이상 작가의 의도를 알 수는 없습니다. 작품을 읽고 느끼는 생각에 정답이 있다는 것도 우스운 일입니다.

우리나라와 교육 선진국의 입시 제도 비교

"지금 수학 학원이랑 글쓰기 학원은 보내고 있는데… 영어도 웬만큼은 하고 가야 할 것 같아서 걱정이야."

"아이가 좀 벅찰 것 같기는 한데 반 친구들이 다 하는데 애만 못 따라가면 주눅들까 봐 그냥 보내고는 있는 거지 뭐."

"우리 애가 자기 친구들 3명이 내년에는 영어 유치원 가는데 자기만 나중에 영어 못하면 어떻게 하냐고 걱정하더라고. 나도 고민이야."

얼마 전 초등학교 입학을 앞둔 아이를 둔 지인들과 나눈 대화의 일부입니다. 초등학교에 입학하면 수학도 영어도 책 읽기도 모두 교과 과정으로 배우는 것들인데 왜 엄마가 나서서 미리 사교육을 시키려는 것인지 유난스러워 보이나요? 아니면 아이가 수업에 따라가지 못해 학업 자체에 흥미를 잃거나 또래 친구들 사이에서 주 눅들 수 있으니 미리 학습하는 것이 당연해 보이나요?

어느 쪽 의견이든 분명한 것은 지금 우리나라 교육은 학교가 해 야 할 일을 사교육이 대신하고 있다는 것입니다. 이는 부모의 선택 문제도 교사의 역량 문제도 아닙니다. 개인적인 차원의 문제가 아 니라 공교육 구조 자체의 문제라고 생각합니다.

공교육을 그림자처럼
따라다니는 사교육

교육 당국은 현재 우리나라의 공교육이 조금 더 이상적인 방향 으로 나아가기를 희망합니다. 사교육을 줄이기 위해 다양한 교육 개정안을 선보이고 쉴 새 없이 찬반 논의를 합니다. 하지만 우리나 라 교육 문제를 비단 사교육 탓으로만 돌릴 수는 없습니다. 사교육 을 억제하는 정책을 시행한다 해서 교육 문제가 해결되지도 않습 니다.

사교육은 그림자처럼 공교육을 따라다닙니다. 우리나라 공교육 에서는 사교육을 받을수록 좋은 평가를 받을 수 있습니다. 학교에 서 사용하는 교과서는 이미 정해져 있으니 입학 전에 선행 학습을 할 수 있습니다. 모두 똑같은 시험지로 내신 시험을 보니 학원에서는 학교 시험 문제를 예측할 수 있습니다. 학원을 더 많이 다닐수록 내신 시험에서 좋은 점수를 받을 수 있는 것이지요. 점수는 상대평가이니 부모라면 미리 준비할 수 있는 기회를 놓치지 않는 것이 당연합니다. 내 아이에 관한 일이니 더욱 그렇습니다.

부모의 경제력에 따라 사교육에 지출하는 비용이 높아진다는 통계가 있습니다. 비단 내신 성적뿐 아니라 대학교 입시에도 어마어마한 시간과 비용이 투자되고 있습니다. 물론 어느 국가에나 사교육은 존재하며 좋은 점수를 받기 위해 사교육 시장에 들어가는 비용은 점점 증가하고 있습니다.

조기유학 국가들에서도 사교육은 존재합니다. 하지만 그 어느 나라도 우리나라처럼 규모의 경제를 이룰 만큼 시장이 큰 곳은 없습니다. 그렇다고 그 나라들이 대학교 입시 경쟁이 치열하지 않거나 입시 위주의 교육이 진행되지 않는 것도 아닙니다. 대표적인 교육 선진국의 대학교 입시 제도를 간단히 비교해 보겠습니다.

미국의 입시 제도

미국은 SAT와 ACT라는 우리나라의 수능 시험과 비슷한 입시 제도를 가지고 있으며 두 시험 중 하나의 점수를 대학에 제출합니다. SAT는 연 7회, ACT는 연 6회 치를 수 있으며 몇 번이고 봐서 잘 나온 점수를 선택할 수 있습니다. 시험 문제는 주로 객관식이지만 논술 시험이 별도로 있으며 주요 대학들은 논술 시험이 포함된 점수를 선호합니다. 이 시험은 문제 은행에서 기계식으로 출제되기 때문에 시험을 많이 경험해 보면 점수를 올릴 수 있습니다.

미국에서도 우리나라에서도 SAT 대비 사교육 시장은 매우 발달한 편입니다. 그렇기 때문에 미국의 대학들은 SAT의 비중을 점차 줄이고 있습니다. SAT 점수보다 내신 성적과 비교과 활동을 점점 중요하게 보고 있어 사교육이 입시에 절대적인 영향을 미치지 못합니다.

미국의 학교 수업과 내신 시험은 교사의 재량에 따라 교과서부터 시험의 형태까지 정해지는데 대부분 논술형 평가와 수행 평가 (과제 포함) 등으로 이루어집니다. 비교과 활동은 전공 과목에 대한 지원자의 관심도, 적합성, 창의성, 리더십 등을 판단하기 위한 항목입니다. 대부분 학교 내의 클럽 활동●이나 봉사 활동 등으로 준비합니다.

● 예를 들어 저널리즘 전공이라면 학교 신문 클럽에서 기자로 활동하며 교내 신문 발행한 것, 국제 관계 전공이라면 모의UN 토의에 참여한 것, 공과 계열 학생이라면 로보틱 클럽에서 경시 대회에 참여한 것 등의 활동을 통해 관심도를 파악합니다.

영국의 입시 제도

영국은 우리나라와 달리 만 5세부터 1학년(Year1)을 시작해 13학년(Year13)까지 총 13년의 교육 제도로 이루어져 있습니다. 12~13학년인 2년 과정이 대학교 입학을 위해서 고안된 영국의 고등 과정으로 에이레벨(A-Level)이라 부르며 이 과정은 AS레벨과 A2레벨로 이루어져 있습니다.

이 과정 동안 학생들은 대학 전공과 연관된 과목을 3~5개만 선택해 공부합니다. 넓고 다양한 교육보다는 좁고 심도 있는 교육을 추구하는 영국 교육의 특징은 대학교 학부 과정이 3년, 석사 과정이 1년인 제도에서도 잘 나타납니다.

과목별 내신 성적표는 있으나 대학 입학에는 전혀 영향을 미치지 않으며, 대학 입학은 마지막 학년 학기 중에 보는 시험 성적으로 결정됩니다. 학기 중의 모든 수업은 이 시험을 준비하는 형태로 진행됩니다.

과목별 시험 문항은 모두 논술형이며, 객관적 사실에 대한 자신의 생각과 그를 뒷받침하는 사례들로 논리를 전개하는 문제이기 때문에 암기식 수업일 수가 없습니다. 주제를 띄는 발문을 읽고 토론하고 조사하고 글을 쓰는 수업입니다. 학기 중에 보는 내신 시험은 이 시험을 대비하는 과정일 뿐입니다.

캐나다의 입시 제도

캐나다는 별도의 수능 시험 없이 내신 성적을 100% 반영합니다. 대학교 입시에 반영되는 성적은 대부분 11~12학년의 성적인데, 이때 대학 입학을 위해 들어야 하는 과목이 정해져 있어 대학 입학을 희망하는 학생과 아닌 학생이 뚜렷하게 구분됩니다.

내신 성적은 지역별, 학교별, 교사별 편차가 있을 수밖에 없어 수능 시험과 같은 제도로 함께 평가되어야 한다는 일각의 의견이 있습니다. 그러나 캐나다는 주별로 고등학교 졸업을 위해 필수로 치러야 하는 주정부 시험 제도*가 있어 학업 성취도를 참고할 수 있습니다. 실제로 캐나다에서는 대학별로 내신 성적을 비밀리에 보정한다고 합니다.

졸업을 위한 필수 과목과 각 학생이 선택해 이수한 과목에 따라 지원 가능한 전공이 달라집니다. 예를 들어 공과 계열 진학을 희망한다면 12학년(또는 11학년)의 수학 과목(미적분, 함수)과 과학 과목(물리학, 화학)을 반드시 이수해야 합니다. 경영 계열 진학을 희망한다면 수학 과목(함수, 대입 수학)과 사회학 계열 과목(지리학, 경제학 등)을 이수해야 합니다. 이는 영국과 비슷한 개념입니다.

내신은 과목별 교사가 재량권을 가지고 과제, 퀴즈, 시험 등으로

---

* 온타리오주의 OSSLT(Ontario Secondary School Literacy Test)가 그 예

평가하며 이는 미국과 닮아 있습니다.

우리나라 사교육의 존재 자체가 조기유학을 고려해야 하는 이유는 아닙니다. 사교육에 돈을 쓰면 쓸수록 공교육에서 좋은 점수를 받을 수 있는 현실, 더 정확하게 표현하면 사교육에 의존하지 않고는 공교육을 따라갈 수가 없는 구조가 이유인 것이지요.

다시 말해 대입을 위한 내신과 수능의 비중, 시험 문제 유형은 크게 중요하지 않습니다. 국가가 가진 '교육'이라는 개념 자체가 다른 것이 중요한 이유입니다. 아이들이 '다른 교육'으로 기를 수 있는 역량은 완전히 다릅니다. 엄청난 시간을 들여 죽어라 한 공부가 시험 한 번 보고 사라지지 않고, 진짜 역량을 키우고 미래를 만들어야 제대로 된 교육입니다. 그리고 그 교육은 다른 곳이 아닌 학교에서 받아야 합니다.

공부 or 예체능
둘 중 하나만 선택하라고?

통계청이 발표한 자료에 따르면 2021년 초중고 사교육비 총액은 약 23조 4,000억 원으로 전년도 약 19조 4,000억 원에 비해 21%가 증가했습니다. 이 비용이 얼마나 되는지 가늠이 되나요?

우리나라에서 사교육에 지출하는 돈이 국내 총생산(GDP)의 2.5%라는 신문기사를 본 적이 있습니다. 우리나라의 국방비 예산은 국내 총생산의 약 2.8%라고 하니 국방 못지않게 교육을 중요하게 여기는 것은 분명하겠네요. 하긴 북한의 핵 실험, 포격 도발 등 긴장감이 넘치는 국방 상황과 교육 현장이 다를 것이 없으니 수치화하지 않아도 체감할 수 있는 통계입니다.

국방비만큼 쓰는
사교육비

사교육비 지출 항목 중에서 눈에 띄는 것은 예체능 과목입니다. 사교육은 주로 영어, 수학 과목을 생각하기 쉽지만 실제 월평균 사교육비를 살펴보면 예체능의 비중이 높은 편입니다.

초등학생은 영어 다음으로, 중학생은 수학과 영어 다음으로 예체능에 사교육비를 많이 쓰고 있습니다. 또 고등학생은 예체능에 가장 높은 사교육비를 썼습니다. 특히 고등학교 3학년이 예체능에 쓴 사교육비는 전체 사교육비의 80%에 육박합니다. 아이들의 취미와 신체 활동뿐 아니라 대학 입시를 위해서도 예체능 사교육이 필수로 필요하다는 뜻이겠지요.

2021년 과목별 참여학생 1인당 월평균 사교육비 (단위: 만 원)

학년	과목						
	전체	일반 교과	국어	영어	수학	사회 과학	예체능 취미·교양
전체	48.5	46.0	12.2	22.5	20.7	11.6	20.3
초등학교	40.0	33.7	7.1	19.4	12.8	6.8	19.0
중학교	53.5	53.4	13.7	24.0	24.6	12.7	17.2
고등학교	64.9	65.5	23.6	28.2	32.8	20.4	37.0
고등학교 3학년	64.1	63.5	24.1	27.0	33.8	19.5	49.5

출처: 통계청

우리나라에서 중고등학교 시절 운동선수 생활을 하는 학생들은 대부분 학교 수업이 아닌 체력 단련과 훈련에 집중합니다. 정도의 차이는 있으나 운동뿐 아니라 악기를 전공하고자 하거나 미술을 전공하고자 하는 아이들도 비슷한 모습입니다. 우리가 어렸을 때 보았던 미대 입시를 준비하는 친구들이 수업에 참여하지 않고 함께 모여 똑같은 그림을 수백 장씩 그리던 모습은 아직도 이어지고 있습니다. 실기 시험 혹은 콩쿠르 등을 앞두고 악기를 연주하는 학생들도 마찬가지입니다.

운동, 미술, 음악을 하면 공부를 안 한다고?

미국, 영국, 캐나다 등 교육 선진국의 학교 커리큘럼을 살펴보면 중고등학교 학생에게 'study OR something'을 종용하는 국가는 없습니다.

캐나다의 공립학교들은 방과후 클럽 활동으로 축구, 야구, 하키, 댄스 등의 운동 종목을 가르치는 것은 물론 선택 수업으로 다양한 미술 과목(fine art, 3d design, visual art, textile 등)과 음악 과목(악기, 밴드, 합창 등)을 가르칩니다. 어느 한 분야의 선수가 되어도 선수 이전에 학생이기 때문에 고등학교 졸업을 위한 필수 과목은 반드시 이수해야 합니다. 반대로 말하면 한 분야를 전공하지 않아도 다양한 예체능 과목을 접할 수 있는 기회가 항상 있습니다.

미국은 더 말할 것도 없습니다. 미국은 교육 선진국들 중에서 가장 다양하게 운동, 미술, 음악 등 예체능 분야의 기회를 주는 국가입니다. 필수로 한 가지 이상을 학업과 함께할 것을 권유합니다. 미국의 중고등학교 입학을 준비할 때는 어떤 종목의 운동이나 악기 또는 미술 활동을 할 수 있는지가 학교 선택의 요건이 되기도 합니다. 미국 고등학교에서는 학교를 대표하는 운동선수는 학교의 자랑이며, 심지어 그 경력만으로 대학에 입학하기도 합니다. 그런 미국조차도 학생의 본분은 학업임을 잊지 않고 기본적인 소양을 갖추는 과목을 꼭 이수하게 합니다.

영국도 비슷합니다. 브룩하우스 칼리지(Brookehouse college)를 예로 들어 볼까요? 이 학교는 축구선수를 배출할 정도의 훌륭한 코치진이 있는 축구 아카데미를 운영하는 사립 기숙학교입니다. 축구 아카데미에 합격한 학생은 매일 3시간의 체력 훈련을 받으면 시합에 출전할 수 있는데 이때, 학교 수업의 출석률을 유지하는 경우만 출전이 가능합니다.

학교는 선수가 아닌 일반 학생들도 학기마다 한 가지의 운동은 필수로 할 것을 권유하며, 전공을 희망하지 않아도 수준 높은 악기 수업을 1대 1로 받을 수 있습니다. 제가 컨설팅해 준 학생 중에는 영국 기숙학교에서 우연히 접한 예술 수업으로 자신의 재능을 발건하고 대학에 진학한 경우도 있습니다.

학교에서 모든 것을
경험할 수 있다

　정리하자면 조기유학 국가의 학교에는 한 가지 공통점이 있습니다. 아이들이 다양한 경험을 할 기회를 다른 곳이 아닌 학교에서 제공해 준다는 것입니다. 특히 예체능에 해당하는 운동, 음악, 미술 중에 한 가지는 필수로 하도록 권유하는 것이 공통점입니다. 음악이나 운동을 취미로 하고 싶어도 사교육이 필요한 우리나라의 현실과는 다르지요. 이러한 국가들은 아이들에게 필요한 '교육'이라는 개념을 우리나라보다 조금 더 포괄적으로 정의합니다. 다른 교육 환경이 아이들의 삶을 얼마나 풍요롭게 바꿀 수 있는지 깨닫게 되길 바랍니다. 다양한 경험을 할 기회가 더 많은 아이들에게 주어졌으면 합니다.

질문이 수업의 흐름을
방해한다고?

궁금하면 물어봐야 하는 태인이

———

"궁금한 건 많은데 학교에서도 학원에서도 물어볼 수가 없어서요."

몇 년 전 유학 상담을 받겠다고 엄마 손을 끌고 온 태인이에게 왜 유학을 가고 싶냐고 물으니 단숨에 이렇게 대답했습니다. 태인이는 어린 시절부터 호기심이 많던 아이였습니다. 자신의 생각과 다르면 몇 번이고 물어봐 답을 얻어야 직성이 풀렸다고 합니다. 태인이 엄마는 태인이가 또래 아이들보다 속도는 조금은 느리지만 그만큼 깊이 있게 차근차근 습득하는 성향이라는 것을 정확하게 알고 있었습니다. 다르게 표현하면 태인이는 고분고분 말을 잘 들는 순종적인 아이는 아니었습니다. 이것저것 따지고 드는 것은 물론 고집이 센 아이였습니다.

덕분에 태인이 엄마는 태인이의 형을 키울 때보다 조금 더 참는 일도, 조금 더 기다려 주는 일도 많았다고 했습니다. 태인이의 가족은 태인이가 초등학교 6학년 때부터 2년 동안 캐나다에서 지낼 기회가 있었습니다. 캐나다의 교육 환경 덕분인지, 어머니의 육아 방식 덕분이었는지 태인이는 독립적이고 자율적으로 학습하는 아이로 성장했습니다. 문제는 우리나라에 돌아온 뒤였습니다. 중학교 시절을 보내는 내내 태인이에게는 수업을 방해하는 아이라는 꼬리표가 따라붙었습니다. 진도에 맞지 않는(시험에 나오지 않는) 질문을 계속한다는 것이었습니다.

**진도 빼기에 바쁜
수업시간**

엄마 아빠의 눈에는 조금은 유난하고 고집스러워 보이는 성향의 아이들 대부분이 이런 이유로 우리나라 학교에 적응하길 어려워합니다. 어린 시절부터 호기심이 많은 아이들이 있습니다. 환경이나 사물에 대한 단순한 궁금증부터 어떠한 현상에 대한 이유까지 생각하는 아이들이지요. 이런 아이들은 독립적이고 자율적으로 학습하는 아이로 성장할 수 있습니다. 하지만 문제는 우리나라의 교육 환경입니다.

얼마 전 교육 다큐멘터리를 본 적이 있습니다. 영상은 우리나라의 한 대학교 강의실에서 시작합니다. 교수는 강의를 하고 학생들은 교수의 말을 경청하며 받아 적습니다. 숨 막힐 정도로 조용한 강의 시간 동안 말을 하는 사람은 교수 한 사람입니다. 강의 말미에 질문이 있냐고 묻는 교수의 말에 정적이 이어지고 강의실 안 공기는 매우 어색하고 불편해집니다. 적막이 한동안 흐르다가 결국 교수가 강의를 끝냅니다. 첫 강의 전날 걱정하는 교수에게 "절대 두려워하지 마라. 학생들은 결코 질문하지 않는다"라는 선배의 조언이 있었다는 씁쓸한 인터뷰가 이어집니다.

화면은 미국의 한 대학교 강의실로 전환됩니다. 강의 시간이지만 교수가 이야기하는 시간은 그리 많지 않습니다. 학생들은 교수와 생각이 다르면 손을 들어 자기 의견을 이야기하며 반박하기도 하고 질문하기도 합니다. 여기저기서 꼬리를 무는 질문이 이어지고 거침없는 논쟁이 펼쳐지기도 합니다. 이 차이점은 어디서부터 만들어지는 것일까요?

말끝마다 '왜?', '그건 왜?', '엄마 왜?'라고 질문하는 아이의 어린 시절을 떠올려 봅시다. 인간은 기본적으로 호기심과 알고자 하는 욕구가 있습니다. 초등학교 아이들은 서로 손을 들어 선생님을 부르며 질문합니다. 세상은 궁금하고 모르는 것투성이입니다. 그런데 중학교 교실부터는 뚜렷한 변화가 생깁니다. 아이들은 더 이상 입을 다물고 질문을 하지 않습니다. 고등학생이 되면 더욱 심해집니다. 수업은 선생님이 이야기하는 내용을 잘 들으며 빠르게 받아 적어야 하는 시간에 불과합니다. 어려운 공식들을 외워야 하니 궁금한 것도 생기지 않습니다.

질문을 멈추게 하는
교육 환경

"왜 자꾸 쓸데없는 것을 물어보냐고 선생님뿐 아니라 친구들도 뭐라고 하더라고요. 어차피 정답만 알면 되는데… 제가 자꾸 친구들의 시간을 뺏는 거 같아 이제 그냥 궁금해도 참고 있어요."

태인이의 푸념에서 아이들이 질문하기를 멈춘 이유를 알 수 있습니다. 우리나라의 수업은 정답 맞추기에 집중되어 있습니다. 중고등학교 시절의 교육은 점수를 잘 받고 등수를 잘 받아서 대학에 가기 위한 수단이 되어 버린 것입니다.

고등학교 문학 시간에 시에 대해 배운다면 시 한편이 교과서에 실리고 시의 갈래, 주제 의식, 소재를 선생님이 알려 주는 대로 받아 적고 그 내용을 외운 다음 시험을 봅니다. 그 작품에 대해 선생님은 "너는 왜 그렇게 생각하니?"라고 질문하지 않습니다. 학생들이 어떤 시각을 가지고 있고 주제가 무엇이라고 생각하는지 묻는 것은 시험에 나오지 않을 테니 수업시간에 다루지 않습니다. 차라리 질문이 하고 싶다는 생각을 하는 아이가 내 아이라면 다행일지도 모르겠습니다. 대다수의 아이들은 그런 생각조차 하지 않으니 말이지요.

태인이는 고민 끝에 영국을 선택했습니다. 고등학교 과정 동안 3~4개의 과목만 선택해 깊이 있게 배운다는 특징이 태인이에게 매우 알맞다고 판단해서였습니다. 무엇보다 영국의 사립학교는 10명 남짓의 학생들이 선생님과 함께 자유롭게 이야기하며 수업하기 때문에 태인이에게 아주 적합한 환경이었습니다.

"선생님, 진짜 환경이 중요한 거 같아요. 만약에 한국도 중간고사, 기말고사 이런 거 없이 그냥 뭔가에 대해서 배우고 같이 이야기할 수 있다면 아마 애들도 질문을 많이 했을 거 같아요."

태인이는 영국 학교에서 수업시간 내내 매우 적극적이며 소통하는 능력이 뛰어난 아이라는 평가를 받았습니다. 그리고 2년의 고등과정 유학생활을 마치고 희망한 대학교에 최종 합격을 했습니다.

질문은 생각을 확장시킵니다. 또 비판적 사고와 창의적 사고 능력을 기르는 가장 기본적인 원천입니다. 질문의 힘은 그만큼 대단한 것이지요. 교사 중심의 일방적인 수업 환경이 학생들의 동기를 유발하는 형태 혹은 토론 방식으로 전환되지 않는 한 아이들의 생각은 결코 확장될 수 없을 것입니다.

07 | 아이가 가고 싶어 하면
귀 기울여 주자

　　"요즘 애들은 참 영리한 거 같아." 제가 이 일을 하면서 팀원들과 자주 하는 이야기입니다. 예전에는 해외를 가고 싶다는 마음에 아이가 직접 문의하는 것이 흔치 않은 일이었습니다. 조기유학이라는 것 자체가 생소했던 이유도 있지만 무엇보다 어디서부터 어떻게 알아봐야 하는지 정보를 얻을 수 없었던 것이 가장 큰 이유였습니다. 인터넷이 발전하고 스마트폰이 보급되어 모바일 앱을 통한 문의가 가능해지면서 아이들이 부모보다 먼저 문의를 하는 경우가 늘고 있습니다. 아이가 문의하는 경우, 부모에게 상담을 진행해도 되는지 동의를 구하는데 정작 부모는 탐탁지 않아 하는 경우가 많은 편입니다. 물론 아이의 의사를 존중해 상담을 진행해 달라고 하는 부모도 있습니다.

미술 학원 다닐 돈으로 유학을 선택한 고1 현민이

몇 해 전 만난 현민이가 바로 이런 경우였습니다. 가게를 운영하느라 바쁜 부모님 대신 현민이가 직접 알아보고 상담을 신청해서 저와 인연이 닿게 되었습니다. 부모님의 동의를 구하려 현민이 엄마와 전화 통화를 했는데 부모님은 어린 나이에 혼자 먼 곳으로 조기유학을 보내려니 걱정이 앞서 반대하는 입장이었습니다. 현민이의 집은 서울에서 조금 떨어진 지방 소도시였는데, 아무래도 서울 수도권이나 지방 대도시에 비해 유학생의 숫자가 적은 편이라 주변에서 유학을 다녀온 아이들을 본 적이 없으니 더 낯설고 걱정이 되는 듯 했습니다. 그래도 현민이 엄마는 아이가 원한다면 유학 상담을 진행해 주는 것에는 동의했습니다.

현민이는 매우 밝고 똑똑한 아이였습니다. 미술에 관심이 많고 특히 그래픽 디자인과 애니메이션을 더 알고 싶어 유학을 가고 싶다고 했습니다. 당시 현민이가 다니고 있는 학교에는 미술실이 없어 가고 싶은 대학에 입학하려면 반드시 입시 미술 학원에 다니며 준비해야 하는 상황이었습니다. 학원을 다니기 위한 서울로의 유학은 부모님 허락하셨으니, 차라리 그 비용으로 유학을 가고 싶다고 했습니다. 비용도 비용이지만 우리나라에서 입시 미술 과정을 겪고 싶지 않다는 마음도 컸습니다. 우리나라의 입시 미술은 창의성보다 정해진 공식대로 시간 내에 완성하는 기술성을 더 요구합니다. 그마저도 학교에서는 지원받기 어려워 대부분 입시 전문 미술 학원이라는 사교육에 의존하는 것이 현실이지요.

저와 여러 차례 상담하면서 현민이의 마음은 점점 확고해지는 듯 보였습니다. 처음 상담을 하고 4개월 정도가 지났을까요? 드디어 엄마 아빠가 허락했다면서 입학을 진행해 달라고 들뜬 목소리로 전화가 왔습니다. 그 환희에 찬 목소리가 지금도 생생하게 기억납니다. 처음에 반대하던 부모가 아이에게 설득 되는 경우가 흔치 않은데, 현민이도 또 부모님도 참 어려운 일을 해냈다는 생각과 함께 말이지요. 후에 현민이 엄마에게 이야기를 들으니 현민이가 유학을 희망하는 이유와 향후 3~4년의 계획, 유학을 가게 된다면 자신에게 어떤 점이 좋을지를 적어 부모님께 전달했다고 합니다. 또 어떤 부작용이 있을 수 있는지와 자신이 그 위험을 줄이기 위해 어떻게 할 것인지도 계획을 세워 말했다고 합니다. 이럴 때야 말로 자식 이기는 부모 없다는 말이 맞는 것 같습니다.

현민이는 조기유학으로는 조금 늦다 싶은 고등학교 1학년 2학기에 미국 중부 지역의 사립학교로 진학했고, 이후 캘리포니아의 한 칼리지(college: 한 가지 계통의 학부로만 이루어진 대학으로 일반적으로 2년제)에 입학했다는 소식을 들었습니다. 현민이는 대학 졸업 후 취업을 목표로 하고 있으며 기회가 있다면 4년제로의 편입도 고려하고 있다고 했습니다. 유학 초기의 마음가짐이라면 현민이가 희망하는 목표를 꼭 이룰 수 있으리라 확신합니다.

스스로 선택해야
책임도 지는 법

부모의 반대를 무릅 쓰고 유학을 떠난 아이들은 엄마 말에 끌려 간 아이들과 확연한 차이가 있습니다. 첫 번째는 바로 책임감입 니다. 자신이 원해서 한 선택이기 때문에 결과도 책임지고자 합 니다. 스스로 유학을 선택했다 해도 새로운 나라와 새로운 학교 에서의 생활은 마음처럼 쉽지 않습니다. 우리나라에서 영어를 잘 했다고 해도 막상 현지 아이들과 이야기하려니 좀처럼 알아듣지도 못하겠고, 인터넷으로 본 것이나 주변 친구들에게 들은 이야기와 실제 학교생활이 달라 당혹스럽기도 하지요.

현민이는 입학 후 몇 주 뒤에 홈스테이 가정에 사정이 생겨 급히 홈스테이를 변경해야 했습니다. 새로운 홈스테이 가정의 호스트 아빠는 출근이 한참 이르고, 호스트 엄마는 어린 자녀를 돌보고 있 어 현민이의 통학을 도와줄 수 없었습니다. 차로 가면 20분 정도인 통학 거리가 대중교통을 이용하니 1시간 20분 가까이 걸렸습니다. 졸지에 매일 왕복 3시간의 등하교를 하게 된 것이지요. 현민이는 어떻게 반응을 했을까요?

"선생님, 저 그 시간에 영어 단어 외우려고 음원 다운받았어요! 그래도 가까운 집이 나오면 바꿔 주세요."

너무 기특하고도 예쁜 현민이의 반응이었습니다.

예상치 못하게 일이 틀어지게 되는 경우 엄마 아빠 손에 끌려 간 아이는 '엄마 때문에 이렇게 됐잖아', '아빠가 이렇다고 했는데 실제는 이렇지 않잖아'라며 부모를 원망합니다. 때로는 자신이 한 행동의 결과임에도 부모에게 책임을 전가하기도 하고요. 그러나 자신의 의지로 유학을 선택한 아이들은 힘은 들지언정 적어도 그 선택에 따라 동반되는 다양한 결과를 스스로 책임지고자 노력합니다.

목표와 간절함 사이
치솟는 학습 역량

아이들이 이런 태도를 보일 수 있는 이유는 유학에 대한 정보를 찾고 나름대로 계획하는 시간 동안 유학이 필요한 이유가 정리되고 목표가 확고해졌기 때문입니다. 만약 부모가 반대하면 부모를 설득하는 과정에서 간절함도 생깁니다. 이런 마음은 아이가 낯선 환경 속에서 공부하는 것뿐 아니라 생활을 성실하게 하는 원동력이 됩니다.

사람이 언제나 열정적으로 살아갈 수는 없습니다. 장애물에 부딪혀 위축되기도 하고 포기하고 싶은 마음이 들기도 하지요. 이럴 때 목표 의식이 확고한 아이는 이 시기를 유연하게 잘 넘깁니다.

힘들지 않다는 것이 아니라 힘든 일이 있을 때 쉽게 포기하지 않고 어떻게 해서든 극복하고자 한다는 것이지요. 그래서 학습 역량이 뛰어난 아이들보다 목표 의식과 의지가 확고한 아이들이 결국 원하는 꿈을 달성하는 경우가 많습니다. 물론 의지와 학습 역량 둘 다 있으면 금상첨화지만, 의지가 있으면 결국 학습 역량도 올라오기 마련입니다.

어린 나이에 혼자 유학생활을 해 나간다는 것은 높은 산을 계속해서 오르며 넘어가야 하는 과정과 비슷합니다. '내가 꼭 저 산을 넘어야지!'라는 의지가 반드시 필요합니다. 그리고 이것은 누구도 대신 만들어 줄 수 없습니다. 만약 아이가 계속 유학을 가고 싶다고 조른다면 무작정 반대할 것이 아니라 어떤 이유로 가고 싶은지, 어떤 목적으로 생각하는지 아이의 이야기를 먼저 들어 보는 것은 어떨까요? 여러분의 아이가 허황된 꿈이 아니라 진지한 목표를 마음속에 가지고 있을지도 모르니까요.

08

한 부모 가정의 아이라면
날개를 달 수 있다

얼마 전 아이가 유치원에서 활동한 내용이 담긴 스크랩북을 들고 집으로 왔습니다. 작은 손으로 꼬물꼬물 만든 작품이 귀여워 한참을 보다가 문득 한 곳에 저의 시선이 멈췄습니다. '우리 가족'이란 제목 밑에 엄마, 아빠, 나라고 쓰여 있는 큰 동그라미가 있고 그 안에 사진을 오려 붙이거나 그림을 그린 것이었습니다. '다윤이는 괜찮았을려나…' 아이와 같은 반에 엄마와 단둘이 살고 있는 친구가 떠올랐습니다.

비슷한 상황은 비단 아이의 유치원뿐만 아니라 초등학교와 중학교에서도 자주 일어납니다. 학교 입학과 동시에 학생 기초 자료를 조사하는 양식에는 부모님의 인적 정보를 적는 칸이 있습니다. 초등학생 때는 가족 사진을 가져오거나 가족 신문을 만드는 등의 수업이 빈번하게 있습니다. 어느 경우에도 가족의 형태에 대해 먼저 묻는 절차는 없습니다. 가족이라 하면 당연히 엄마, 아빠, 자녀로 구성되어 있다고 생각하지요. 최근 가족 형태에 대한 인식이 조금씩 변하고 있다고는 하지만, 이혼이나 사별로 한 부모라고 하면 한 번 더 쳐다보는 것이 현실입니다. 미혼모나 미혼부의 아이를 두고 수군대거나 내 아이가 친하게 지내지 않기를 바라는 부모들도 있습니다.

현실의 변화보다 느린
인식의 변화

통계청이 발표한 '2021년 혼인·이혼 통계'에 따르면 지난해 이혼 건수는 10만 1,673건으로 인구 1,000명당 2명이 이혼했습니다. 남자의 이혼 연령은 40대 후반, 여자의 이혼 연령은 40대 초반이 가장 많았습니다. 부모가 40대인 가정은 10대 자녀가 있는 경우가 많습니다.

이혼 가정뿐 아니라 미혼모나 미혼부인 한 부모 가정도 지속적으로 증가하는 추세입니다. 현실은 빠르게 변하는데 사람들의 인식은 좀처럼 변하지 않으니 그 안에서 힘들어하는 아이들은 점점 늘어납니다.

편견 없는 미국 땅을 선택한 중1 혜린이

제가 만나는 아이들 중에는 한 부모 가정이 꽤 많은 편입니다. 몇 해 전에 만난 혜린이 역시 한 부모 가정의 아이였습니다. 혜린이 아빠와 처음 상담을 했는데 혜린이 엄마와 사별을 하고 1년쯤 지났다고 했습니다. 당시 혜린이는 중학교 1학년이었습니다.

오랜 기간 병상에 있던 엄마를 잃은 슬픔도 컸지만 혜린이를 괴롭히는 것은 주변의 시선이었습니다. '엄마 없는 아이'라는 꼬리표가 붙어 안쓰러움과 호기심, 그 중간쯤의 관심으로 아이를 대하는 주변 사람들이 늘어나자 혜린이는 점점 예민해지기 시작했습니다. 친구도 만나지 않고 집에서 혼자 시간을 보내면서 어두워지고 있다는 혜린이 아빠의 이야기를 들으니 무척 안타까웠습니다.

불행 중 다행인 것은 혜린이와 가깝게 지내는 사촌 언니가 미국의 한 대학교 입학을 앞두고 있는데 혜린이가 관심을 보였다는 점입니다. 다행히 혜린이는 어린 나이지만 야무지고 영어도 또래에 비해 잘하는 편이었습니다. 때문에 희망하는 학교와 지역에 수월하게 입학할 수 있었고 지금은 고등학교 졸업 후 목표한 대학까지 입학해 유학생활을 이어가고 있습니다.

미국, 캐나다, 뉴질랜드 등의 홈스테이 가정의 형태는 일반적인 가정부터 재혼가정, 이혼가정, 은퇴한 부부, 동성 파트너 가정까지 다양하며 이 중 싱글맘 가정은 매우 흔한 편입니다. 그런데 홈스테이 가정으로 한 부모 가정의 프로필을 전달받은 부모 대다수는 다른 가정으로 변경해 달라고 요청합니다. 아이가 좋은 가정에서 지내길 바라는 마음이라는데, 사실 이런 경우 컨설턴트의 입장은 참 난감합니다. 국제학생에게 '좋은 가정'은 가정의 형태보다는 홈스테이 부모의 성격과 성향, 주거 환경, 그리고 지난 국제학생들의 후기가 좋은 가정입니다. 올바른 주거 환경인지, 얼마나 국제학생에게 친절하고 관심을 가지는 등을 중요하게 생각하는 것이지요.

의도한 것은 아니었는데 혜린이는 두 딸을 키우고 있는 싱글맘 가정의 홈스테이에 배정되었습니다. 혜린이 아빠 역시 처음에는 걱정스러워했습니다. 하지만 초반의 걱정과 달리 혜린이는 아픔을 누구보다 잘 이해해 주는 그들과 함께 한 가족, 한 자매처럼 무척 잘 지냈습니다.

아이의 뿌리를
건강하게 해 주는 법

혜린이뿐만 아니라 최근에는 이혼과 사별 등의 이유로 한 부모 가정이 된 아이들의 유학 상담 사례가 꾸준히 늘고 있습니다. 각자 다른 사정이 있겠지만 가정의 형태에 대한 우리나라의 획일적인 인식에 한계를 느낀 것은 동일할 것입니다. 가족의 틀이 깨지고, 익숙했던 것들이 사라지는 것은 아이들에게 매우 힘든 상황입니다. 타인의 걱정 반, 호기심 반인 시선 역시 견디기 쉽지 않지요. 그런 과정을 견디며 아이들은 무기력해지거나 불안해하고 또는 삐뚤어진 행동으로 분노를 표출하기도 합니다.

단지 '조기유학' 하나가 이 모든 상황에서의 해결책이 될 수는 없을 것입니다. 그러나 적어도 아이가 '엄마 없는 아이' 또는 '아빠 없는 아이'라는 꼬리표에서 자유로워질 수는 있습니다. 다양한 가정의 형태를 인정해 주는 곳에서 자신의 가정에 대해서도 건강하게 인식할 수 있을 것입니다.

09

'학교 가기 싫어요'의
진짜 이유를 들여다보자

따돌림을 경험한 중1 재현이

———

"아이가 마음 편히 즐겁게 다닐 수 있는 학교면 좋겠어요." 재현이 엄마가 상담을 와서 어두운 얼굴로 저에게 한 첫 마디입니다. 혼자 상담을 오고 아이 이야기를 하며 눈물을 흘리는 엄마는 대개 복잡한 사연으로 유학을 결정한 경우가 많습니다. 재현이 역시 그런 경우였습니다.

재현이는 중학교에 입학하고 나서부터 줄곧 '학교에 가기 싫다'고 했습니다. 재현이의 엄마 아빠는 지금까지 착했던 아이에게 이제야 사춘기가 왔나 보다 하고 대수롭지 않게 생각하며, 학교는 가야 한다는 입장을 고수했습니다. 아마 대부분의 부모가 이런 반응일 것입니다. 그러던 어느 날 재현이 엄마에게 같은 반 친구 엄마가 조심스럽게 해 준 이야기를 통해서 재현이가 반 친구들에게 소위 말하는 따돌림을 당하고 있다는 것을 알게 되었습니다. 아이들에게 괴롭힘을 당하고 있다는 이야기는 숨긴 채, 그저 학교에 가기 싫다고만 이야기했던 것이지요. 다른 학교로 전학을 가거나 멀리 이사를 갈 생각도 했지만, 재현이의 의사를 존중해 잠시 학교를 쉬는 것으로 합의를 해 자퇴를 했고 자퇴 3개월 만에 조기유학을 알아보기 시작했습니다.

재현이는 키가 작고 체격도 왜소한 편이었습니다. 제가 질문하면 매우 신중하게 대답하느라 시간이 오래 걸렸습니다. 음악과 춤을 좋아해 혼자 음악을 들으며 춤추길 좋아한다고도 했습니다. 재현이만의 독특함이 있었는데 아마도 또래 사이에서는 이 다름이 받아들여지지 않은 것 같습니다.

학업 스트레스로 위장한
아이들의 속마음

요즘은 개성이나 창의성이 존중되는 시대라고 하지만 여전히 가정, 학교, 사회 등의 집단에는 기본적인 틀이 있고 아이들은 그 기준에 맞춰 살아가고 있습니다. 가끔 그 기준에서 벗어나는 아이가 있다면 공격적으로 지적하거나 놀립니다. 이런 일을 당하는 아이는 쉽게 엄마 아빠에게 이야기하지 못합니다. 특히 남자아이는 괴롭힘을 당하고 있는 자신의 상황을 가족에게 알리고 싶어 하지 않습니다. 본능적으로 자신이 약하고 힘없는 존재라는 것을 드러내길 부끄러워하고 수치스러워 합니다. 간혹 자신을 위해 희생하는 부모를 힘들게 하고 싶지 않다는 마음이기도 하고요.

여자아이들의 경우는 보다 지능적인 따돌림이 많은 편입니다. 남자아이들처럼 겉으로 욕설을 하거나 신체적으로 폭력을 가하는 대신 아주 교묘한 방법으로 괴롭힙니다. 여자아이들은 네다섯 명씩 집단으로 노는 것을 좋아하는데, 이때 한 명을 뒷담화하거나 헛소문을 퍼뜨려 모함하는 식으로 은근한 따돌림을 가합니다. 최근에는 아이들이 스마트폰을 사용하면서 SNS 등을 이용해 온라인상에서 괴롭히는 이른바 사이버불링(Cyber Bullying)도 늘어나고 있습니다.

성별을 막론하고 물리적인 괴롭힘이나 폭력은 줄어들지만 정서적인 언어 폭력은 늘어나고 있습니다. 학교라는 공간 혹은 온라인에서 이뤄지는 폭력이 대부분이라 아이들이 부모에게 말을 하지 않으면 부모들은 당연히 알아채기 쉽지 않습니다.

아이들이 학교에 가기 싫다고 하면 공부에 흥미가 떨어졌거나 성적으로 스트레스를 받아 핑계를 대는 것이라 판단하는 부모가 많습니다. 이에 학생으로서의 최소한의 책임감이 없다고 다그치기도 합니다. 실제로 아이들은 공부보다 음악을 하고 싶다거나, 대학은 가고 싶지 않다거나 하는 그럴 듯 해 보이는 핑계를 댑니다. 하지만 제가 만난 아이들이 학교에 가기 싫어하는 근본적인 원인은 결국 또래 관계 문제였습니다.

공부가 하기 싫으면 학교에 가서 수업시간에 딴짓을 하거나 하다못해 엎드려 잠을 잘 수도 있습니다. 학원은 엄마 몰래 빼 먹으면 그만입니다. 공부가 싫어도 친구들이 좋은 아이들은 수업시간 내내 킥킥거리며 장난을 치다 걸려 혼날지언정 학교는 갑니다.

아이가 장기간 동안 계속해서 학교에 가기 싫다고 한다면, 부모에게 신호를 보내고 있는 것일 수 있습니다. 답답한 소리를 한다고 화를 내거나 잔소리를 하기 전에 아이 입장이 되어서 왜 그런 생각을 하는 것인지 자세히 묻고 주의 깊게 살펴볼 필요가 있습니다.

미국에서 재현이는 더 이상 특이한 아이가 아니었습니다. 그냥 영어가 조금 어색한 한국에서 온 국제학생일 뿐이었습니다. 자신이 좋아하는 음악을 실컷 듣고, 원하는 대로 옷을 입어도 누구하나 뭐라고 하는 사람이 없었습니다. 아이가 보다 자유롭게 지내는 것 같다고 재현이의 엄마는 만족해했습니다. 재현이는 많지는 않지만 다른 나라에서 온 친구도 사귀면서 나름의 유학생활을 잘 이어가고 있습니다.

환경을 바꿔 주는 것이
확실한 해결책

잊을 만하면 한 번씩 사회면을 장식하는 기사가 있습니다. 집단 따돌림을 당한 아이가 스스로 목숨을 끊거나 혹은 목숨이 끊어질 정도의 폭력을 당하는 사건입니다. 참 가슴 아픈 이야기입니다. 이런 뉴스가 들릴 때마다 '혹시 우리 아이도?'라는 생각에 가슴이 철렁 내려앉지만 정작 학교 가기 싫다고 하는 아이의 말은 그냥 푸념이나 반항 정도로 생각하는 경우가 많습니다.

아무런 문제가 없어 보이는 아이가 어느 날부터 학교에 가는 것을 지속적으로 거부한다면 어떤 속뜻이 있는지 한번 잘 살펴봅시다. 슬프게도 한번 따돌림을 당했다는 사실은 끈질기게 아이 스스로를 옥죄어 과거에서 벗어나지 못하게 합니다. 극단적인 방법이라 생각할 수도 있지만, 방황하는 아이에게 아예 새로운 환경을 제공해 주는 것이 진정한 도움이 될 수도 있다는 사실을 기억하길 바랍니다.

2장

아이 상황별
구체적인 조기유학 로드맵

01 할까 말까 할 때는 하라
_조기유학 성공 사례

"안녕하세요. 민영이 아빠입니다. 잘 지내시죠? 이번에 민영이가 한국에 왔는데 꼭 인사하고 싶다 해서 연락드렸어요!"

"쌤, 잘 지내셨어요? 저 민영이에요. 언제 한번 전화드려야지 했는데 이제야 하게 됐네요. 얼굴 뵙고 싶어요!"

작년 여름 낯익은 목소리의 민영이 아빠와 훌쩍 커 버린 민영이의 반가운 전화가 왔습니다. 민영이는 10여 년 전 저와 함께 여름캠프에 참여했던 학생입니다. 지금이야 해외 여름캠프가 매우 익숙하고, 참여자들도 많지만 당시에는 많이 알려져 있지 않았습니다. 제가 인솔자로 영국에 아이들을 데리고 참여했고 저의 첫 캠프 기획이라 아직도 기억이 생생합니다.

늦었지만 여름캠프에서 확신을 얻은 고1 민영이

초등학교 5학년에서 중학교 2학년이 주를 이루던 아이들 사이 민영이는 고등학교 1학년으로 가장 나이가 많았습니다. 민영이는 친동생인 민지와 함께 캠프에 참여했는데 사실 민영이 아빠는 민영이가 아닌 민지를 보낼 생각으로 저와 상담을 했습니다. 민영이네 가족은 매년 해외로 짧은 가족 여행을 다녔는데 이번에는 아이에게 조금 더 의미 있는 경험을 하게 해 주고 싶다는 것이 민영이 아빠의 마음이었습니다. 민영이는 이미 고등학교 1학년이니 이번 캠프는 민지에게 조금 더 적합하다고 설명드렸지요. 민영이 아빠도 민지가 더 활발하고 외국에 관심이 많다고 했습니다. 그런데 여름캠프에 대해 민지에게 설명을 해 주자 뒤에서 듣고 있던 민영이가 오히려 적극적으로 반응했다고 했습니다.

평범한 가정에서 한 번에 두 명을 여름캠프에 보내는 것은 현실적으로 부담입니다. 또한 방학을 통째로 쓰고 영어 공부와 놀이 형태로 이루어진 영어캠프 특성상, 고등학교 1학년보다는 더 어린아이들에게 적합한 것도 사실입니다. 민영이 아빠는 고민했지만 평소 차분하고 조용하던 민영이가 의외로 계속 의지를 보였기에 자매를 함께 보내게 되었습니다.

캠프가 진행되는 3주 내내 민영이는 조용하고 차분했지만, 영어 수업을 비롯해 모든 활동에 빠짐없이 잘 참여했습니다. 캠프가 끝나고 몇 주 뒤, 민지가 아닌 민영이가 유학을 가고 싶어 한다는 민영이 아빠의 연락이 왔습니다. 가족들도 몰랐지만 민영이는 줄곧 외국에서 공부하고 살아보고 싶다는 마음을 품어 왔다고 합니다. 캠프를 통해서 그 마음에 확신을 가지게 된 것이지요.

고등학교 1학년인 민영이가 어렵지 않게 공부에 적응할 수 있고 졸업 후에도 정착해 살 가능성이 큰 곳, 또 경제적으로도 부담이 크지 않은 곳이 적당하다고 판단되어 캐나다 공립학교로 진학을 추진했습니다. 진학 후에 영어 때문에 고생은 조금 했지만 성실한 민영이는 ESL과 다른 과목들을 하나씩 잘 해내서 어렵지 않게 졸업했습니다. 민영이는 심리학을 공부하고 싶어 했는데 이 학과는 내신 성적은 물론 높은 영어 역량도 요구합니다. 아쉽게도 민영이의 내신 성적이 상위권은 아니어서 바로 원하는 대학으로의 진학은 어려웠습니다. 하지만 캐나다 교육 제도인 편입을 염두에 두고 그에 알맞은 공립 칼리지로 진학했습니다(캐나다 칼리지는 편입을 목적으로 하는 학문 지향과 취업을 목적으로 하는 실무 지향으로 나뉩니다).

진짜 원하는 것을 깨닫다

그 뒤로 종종 비자나 학점 인정에 관한 문의로 몇 차례 연락하다가 끊긴 뒤 몇 년 만에 다시 연락이 된 것입니다. 10년이 훌쩍 지나는 시간 동안 민영이는 20대 아가씨가 되어 있었습니다.

캐나다 칼리지에 입학해 열심히 공부해서 원하던 4년제 대학으로 편입하고, 코로나 팬데믹 상황으로 온라인 졸업을 한 후 귀국했다고 했습니다. 열심히 공부해 입학하니 그 어느 때보다 졸업을 위해 열심히 할 수밖에 없었다고 했습니다. 입학이 어렵고 졸업은 쉬운 우리나라와는 많이 다르다고 했습니다.

민영이는 우리나라에서 조금 더 공부를 하고 싶어 곧 석사 과정을 시작할 것이라고 합니다. 캐나다에서 공부한 이력을 흥미롭게 봐 주신 교수님 눈에 띄어 박사 과정을 제안받았고, 추후 미국에 나가 박사 과정을 밟고자 한다고도 했습니다. 그렇게 자연스럽게 교직을 꿈꾸게 된 것이지요.

민영이는 처음 조기유학을 떠났을 당시, 조금 늦은 나이에 가는 것이, 그것도 공립학교로 진학하는 것이 상당히 불안하고 조바심이 났다고 했습니다. 하지만 여름캠프에서 짧게나마 영어를 배우고 다양한 국적의 학생들과 선생님들을 만나며 더 넓고 큰 세상에서 공부하고 싶은 마음에 확신이 들었기 때문에 결정할 수 있었다고 했습니다.

정작 캐나다 공립 고등학교에 입학해 보니 영어는 부족해도 학교에 출석하고 과제를 잘하는 것만으로도 중간 이상은 할 수 있어 생각보다 어렵지 않았다고 합니다. 늦었다고 생각했지만 민영이의 인생 전체를 봤을 때 고등학교 1학년이라는 나이는 그리 늦은 것이 아니었지요.

자신이 선택한 길을 성공적으로 만들기 위해 매 순간 최선을 다 했던 민영이에게는 생각지도 못한 좋은 기회들이 이어졌습니다. 민영이 아빠는 성실했지만 자신의 의견을 뚜렷하게 이야기하지 않고 살아가던 민영이가 캐나다에서 공부한 시간을 통해 자신의 길을 개척해 나가는 것이 무척 기특하다고 했습니다. 자신이 원하는 것을 명확하게 알게 된 것과 그것을 위해 노력하는 자세를 배운 것이 스스로 선택하고 떠난 조기유학에서 민영이가 가장 크게 얻은 것이 아닐까 싶습니다.

한 가지 주제를 깊이 파고드는 중2 경태

경태 엄마는 저와 처음 만나 상담을 할 때도, 학교 입학 절차를 진행할 때도, 또 출국일 전날까지도 아이의 조기유학을 반대하는 입장이었습니다. 막내아들에 대한 걱정과 불안 때문이었지요.

제가 만난 경태는 유학 의지가 아주 강했습니다. 초등학교 저학년 시절 짧게 다녀왔던 단기 어학연수의 기억이 좋게 남아 있고 경태의 형이 고등학교 때 캐나다로 유학 가서 대학교에 입학해 매우 만족스러운 유학생활을 하고 있기 때문이었습니다. 경태의 유학에 대한 의지는 이런 형을 바라보면서 더 굳어졌습니다.

어린 시절부터 몸이 약해 정기적인 진료가 필요했던 경태였기에 경태 엄마는 경태의 유학은 생각도 하지 않고 있었습니다. 중학교 2학년이 되어 본격적인 입시 위주의 수업이 시작되니 경태는 유학을 가고 싶다고 더 엄마를 졸랐습니다. 경태의 성화에 못 이겨 상담을 하고 유학을 결정했지만 사실 경태 엄마는 아이가 마음을 돌렸으면 하는 마음이 컸습니다.

경태는 한 가지 주제에 대해 깊이 있게 생각하고 관련 자료를 찾아보며 지식을 확장시키는 것을 좋아했습니다. 이런 성향의 아이는 좀처럼 우리나라의 수업을 따라가기 어렵습니다. 선행학습이 일반화된 지역에서 살았기에 수업 진도도 선행이 되어 있는 아이들을 기준으로 나갔습니다. 경태는 이해하지 못하는 것들이 쌓여갔습니다.

수업을 따라갈 수 없어 학원을 알아봤지만 현행을 하는 학원은 많지 않았습니다. 소규모 공부방이나 과외 역시 내신을 높이기 위한 과정이었지 경태의 호기심을 채울 수 있는 것은 아니었습니다. 다양한 과목을 방대하게 경험하는 것보다 특정 과목을 심도 깊게 학습하는 것에 즐거움을 느끼는 경태의 성향과 유학생활을 하는 것 자체에 불안을 느끼는 경태 엄마의 상황을 고려해 영국의 국제학교로 진학을 추진했습니다.

목표한 대학교에
합격하다

영국의 고등 과정에서는 자신이 공부하고 싶은 분야의 3~4개 과목만 공부합니다. 또한 국제학교는 국제학생을 위한 추가 영어 수업은 물론 생활과 학업적인 면에서도 많은 지원을 해 줍니다. 영국 학생이 없는 것이 단점일 수 있지만 반대로 힘들지 않게 적응하고 학업에 집중할 수 있다는 장점이 있습니다. 학교에서 아이가 충분한 관리를 받을 수 있어 경태 엄마는 안심할 수 있었습니다.

경태는 어린 시절 짧은 유학의 경험이 있고 어느 정도 영어에 자신이 있었지만 처음 수업을 듣고는 많이 당황했습니다. 영어로 일상적인 대화를 할 수 있고 수업을 알아들을 수 있는 것 이상의 실력이 필요했기 때문이지요. 교재를 정확하게 읽고 생각을 논리적으로 표현해야 했습니다. 또한 영국은 모든 과목의 시험이 서술형이며 과제 역시 조사 후에 에세이를 써 오는 형태가 많기 때문에 수준 높은 글쓰기 역량도 필요했습니다. 단지 주입식으로 듣고 외우며 객관식 시험에서 높은 점수를 받는 요령으로는 좋은 성적을 받을 수 없었습니다.

경태는 꾸준히 노력해야 했습니다. 덕분에 고등 과정을 이수할 때는 자신의 관심 분야를 심도 있게 공부할 수 있어 힘들지만 의미 있는 시간이 되었다고 합니다. 경영학을 선택해서 이론뿐 아니라 다양한 실제 사례들을 찾아보고, 분석하는 레포트를 쓰고, 팀별로 하나의 사업을 기획하는 프로젝트도 했습니다. 마치 실전 같은 공부를 한 것입니다. 그럼에도 경태에게는 대학에 불합격할 위기가 두 번 있었습니다.

첫 번째는 자신의 예상보다 성적이 너무 낮을 때였습니다. 경태는 그 과목 선생님을 찾아가 왜, 어떤 이유로 자신이 이 점수를 받았는지 문의하고 자신의 의도를 설명했습니다. 우리나라라면 정해진 답안지대로 채점하기 때문에 있을 수 없는 일이지만, 자신만의 생각으로 작성해야 하는 영국 시험의 특성상 경태는 조금 더 높은 점수를 받을 수 있었습니다. 선생님과 논쟁할 수 있는 환경 자체가 경태에게는 꼭 필요했던 것 같습니다.

두 번째 위기는 대학교를 다 지원한 뒤였습니다. 자신이 목표했던 대학교에서 입학 허가가 나지 않고, 안정권이라고 생각한 대학교만 입학 허가가 나자 경태는 모험을 하기로 했습니다. 입학 허가를 받은 대학교를 모두 거절하고 추가 모집에 도전하는 것이었지요. 영국은 대학교 진학 시 5개의 대학에만 지원할 수 있기 때문에 나중에 미달이 된 대학교의 추가 모집 절차가 따로 있습니다. 추가 모집은 공석이 있는지를 학교 홈페이지나 전화 등을 통해 일일이 확인해야 해서 번거로운 것이 사실입니다.

경태는 목표했던 학교들의 홈페이지를 살펴보고 입학처에 전화를 하면서 추가 모집에 지원했습니다. 그리고 목표보다 더 만족스러운 결과를 얻었습니다. 자신에게 주어진 안정권의 학교로 진학할 수도 있었을 텐데 목표한 것을 위해서 한 번 더 도전하고 위험을 감수하는 것을 보면서 경태가 참 많이 성장했음을 느꼈습니다.

미래에 대한 계획을
스스로 세우는 힘

경태가 대학교에 입학하고 처음으로 느낀 것은 '아, 내가 제대로 공부해 오고 있었구나!' 하는 안도감이었다고 합니다. 고등학교 과정에서 이미 전공에 대한 기초 지식을 배웠기 때문에 익숙한 단어들이 많았고, 배경지식이 있어 강의 내용 자체가 어렵지 않았습니다. 또한 프로젝트 수업 역시 매우 익숙했지요.

순조롭게 대학교 생활을 이어가던 중 또 한 번의 위기가 경태에게 왔습니다. 사실 이것은 모두에게 위기였지요. 바로 코로나 팬데믹으로 오프라인 수업이 온라인으로 전환되면서 제대로 된 대학교 강의를 듣지 못하게 된 것이지요. 경태는 잠시 휴학을 하고 국내 대학의 교환학생으로 오는 방법을 알아보기 시작했습니다. 그리고 서울대학교에 자리가 있다는 것을 알게 되어 신청을 했습니다.

"선생님, 우리 아이가 서울대학교 동기들이 생겼어요. 정말 몇 년 사이에 훌쩍 커 버린 것 있죠. 다시 영국으로 돌아가 졸업하고 취업해서 인맥을 만든 후에 자기 사업을 할 거라고 하대요. 그렇게 5년 계획을 쭉 말하는데 정말 놀랐어요. 마냥 어린 막내아들인 줄 알았는데 말이에요. 그때 저를 설득해서 유학을 보내라고 해 주셔서 감사합니다."

경태 엄마의 이야기를 들으며 저도 참 뿌듯했습니다. 어려운 상황이 생겨도 침착하고 끈기 있게 자신의 목표에 맞춰 해결할 수 있는 힘이 생긴 경태의 미래가 더욱 기대됩니다.

02 실패하는 경우의 수를 모두 고려하라
_조기유학 실패 사례

아이에게 조기유학의 기회를 주는 부모는 아이가 어느 시점에는 우리나라에 돌아오기를 바라는 유형과 현지에 아예 자리 잡고 살길 원하는 유형으로 나눌 수 있습니다. 하지만 아이를 먼 외국에 떨어뜨려 놓고 평생 살게 하고 싶은 부모가 몇이나 있을까요? 결국 아이가 어느 시점에는 우리나라로 돌아와 살길 바라는 부모가 더 많습니다.

다만 그 시점에 차이가 있을 뿐이지요. 아이가 영어를 제대로 공부하고 돌아와 국내의 입시에서 좋은 결과를 내길 바라기도 하고, 대학교까지는 외국에서 공부해도 국내에서 취업이나 사업을 하며 지내길 바라기도 합니다.

영어를 원어민처럼 하는 6세 찬영이

찬영이 엄마도 그런 유형의 부모였습니다. 찬영이 엄마는 아이가 국내에서 입시를 치르고 명문 대학에 가길 원했습니다. 다만 영어는 입시에서 유리한 수준이 아니라 원어민에 가까운 수준으로 잘하기를 바랐습니다.

찬영이 엄마와 제가 처음 만났을 때 찬영이는 여섯 살이었습니다. 아직 어려 초등학교 입학이 어려웠기에 유학을 1~2년 정도 미룰 것을 권유했지요. 하지만 찬영이 엄마는 그대로 강행해 캐나다로 동반 유학을 떠났습니다. 찬영이 엄마는 영어를 원어민처럼 하려면 지금도 늦은 것 같다며 조급해했습니다. 또한 이미 우리나라에서 영어 유치원을 다녔던 경험이 있으니 가서도 충분히 유치원 생활을 할 수 있을 것이라 확신했지요.

찬영이는 정말로 현지 적응을 잘했습니다. 찬영이 엄마가 몇 번 안부를 전해 주었는데 캐나다 초등학교에 입학해 수업도 곧잘 따라가며 즐겁게 생활하고 현지 친구들도 많이 사귀었다고 했습니다. 방과후 수업과 주말 프로그램도 이수하며 수준급의 영어를 구사하게 되었다고 했습니다.

2년이 지나고 비자 문제 때문에 또 한 번 찬영이 엄마와 통화를 할 때는 이제 영어와 한국어를 자유자재로 오가며 할 수 있다고 매우 만족해했습니다. 그리고 돌아오기가 아쉬워 조금 더 유학생활을 하고 초등학교 고학년이 되어 돌아오겠다고도 했습니다. 워낙 적응이 빠르고 학습력이 좋은 찬영이에 대한 확신을 가지게 된 것이지요. 저는 비자 연장에 도움을 드렸고 그렇게 찬영이 엄마와 연락은 끊겼습니다.

국내로 돌아왔을 때의
위험 요인

그렇게 지내던 어느 날, 매우 오랜만에 찬영이 엄마에게 연락이 왔습니다. 현재 우리나라 학교에서 성적이 좋지 않고 학업적인 흥미도 많이 떨어진 아이를 어떻게 하는 것이 좋을지 난감해했습니다. 자신감 넘치던 찬영이 엄마의 모습은 온데간데없이 사라졌습니다.

엄마의 계획대로 찬영이는 초등학교 5학년 때 우리나라로 돌아왔다고 했습니다. 캐나다 초등학교에서 몸에 익힌 적극적인 학습 태도가 국내 초등학교에서도 이어질 것이라 예상했지만, 우리나라의 학교 수업을 따라가는 데 매우 어려움을 겪었다고 했습니다. 처음에는 수업 방식이 다르기 때문에 적응할 시간이 필요하다고 생각했지만, 좀처럼 수업의 내용을 제대로 이해하지 못했다고 합니다. 아이는 다른 과목을 점점 거부하고 영어만 하고 싶어 했습니다. 진도를 따라가기에 바빠 복습은 엄두도 못 내니 시험 성적도 점점 내려갔습니다. 아이도 점차 학습에 대한 흥미를 잃고 공부 자체에서도 멀어지고 있다고 했습니다.

우라나라로 돌아온 찬영이에게 어떤 일이 있었던 것일까요? 저는 영어 이전에 한글을 완벽하게 익히지 못한 것이 원인이라고 생각합니다. 찬영이는 초등학교 입학 전에 영어를 원어민처럼 하게 하겠다는 목적으로 유학길에 올랐습니다. 그 덕분에 영어는 매우 일찍 구사할 수 있었지요. 찬영이 엄마가 한 가지 간과한 것은 한글 공부였습니다. 한글로 말하고 듣고 일상생활은 할 수 있지만, 교과서를 읽고 수업 내용을 이해하는 것은 어려웠습니다.

우리나라 수업시간에 나오는 단어들은 의외로 한자를 기반으로 하고 있는 어려운 어휘들이 많습니다. 특히 초등 저학년 때는 시청각 자료를 중심으로 보고 듣는 수업이지만 초등 고학년부터는 읽고 쓰는 교과서 중심의 수업이라 어휘가 중요합니다. 국내에서만 공부하던 아이들도 이 시기에 부족한 어휘력, 독해력으로 어려움을 겪는데, 하물며 초등 저학년 내내 캐나다에 있던 찬영이는 어땠을까요? 한글에 대한 기본적인 이해가 부족했던 찬영이가 교과서 지문을 읽고 제대로 이해하고 기억하기는 쉽지 않았을 것입니다. 그러면서 점차 수업시간에 재미를 느끼지 못하고 공부와 멀어진 것이 아닐까요?

찬영이 엄마는 찬영이를 다시 혼자라도 유학을 보내야 할지 혹은 국내의 국제학교로 전학을 시킬지 고민 중이라는 이야기를 끝으로 저에게 더 이상 연락하지 않았습니다. 아이가 우리나라에서 입시를 하고 우리나라에서 계속 살 것이라면 적어도 한자를 기반으로 한 문해력은 있어야 한다는 사실을 알게 된 사례입니다.

외로움과 싸워야 했던 중3 가은이

가은이는 어렸을 때부터 영어로 된 영화와 만화를 무척 좋아했다고 합니다. 해외 경험은 없지만 주변 친구들이 다녀온 여름캠프 이야기, 유학생들이 만드는 유튜브 영상들을 빠짐없이 보며 미국 유학의 꿈을 키웠다고 했습니다. 적극적이고 활발한 성격의 가은이는 부모님을 졸라서 저와 상담을 하게 되었습니다.

가은이 엄마 아빠는 딸의 계획을 반대했습니다. 한국인 친구들하고만 어울려 영어가 하나도 늘지 않은 유학생 이야기, 부모님이 옆에 없으니 고삐가 풀려 놀기만 하다 대학도 가지 못하고 돌아온 유학생 이야기를 들었기 때문이지요. 그런 사례가 전혀 없는 것은 아니지만 제가 본 가은이는 매우 밝고 당찬 아이라 잘 해낼 수 있을 것이라 조언했습니다.

가은이의 지속적인 설득으로 가은이 부모님은 마지못해 유학을 승낙했습니다. 단, 조건이 있었는데 가은이의 부모님이 지인에게 추천받은 기독교 사립학교로 진학하는 것이었습니다. 첫째도 둘째도 무조건 한국인이 없는 지역, 그리고 유해 요인이 없는 곳으로 가기를 원했습니다. 물론 경제적인 제한도 큰 편이었고요.

당시 저는 가은이의 성향과 상황에 대해 제대로 이해하지 못한 채 부모님이 정해 준 학교로 진학 절차를 진행하는 것이 조금 염려되었습니다. 하지만 그 조건이 아니면 가은이는 유학을 갈 수 없다며 그렇게라도 꼭 가겠다고 했습니다. 반에서 인기가 많고 활발한 가은이는 출국하기 전날까지도 친구들에게 선물을 받고 헤어짐을 아쉬워하는 눈물의 송별회를 했다고 했습니다. 가은이는 긴장되지만 씩씩한 모습으로 중학교 3학년에 드디어 유학길에 올랐지요.

한국인 없는 학교가
정답은 아니다

그렇게 출국한 지 얼마 되지 않아 가은이 엄마로부터 전화가 걸려 왔습니다. 가은이가 너무 힘들다며 울면서 전화한다는 것이었습니다. 채 한 달도 되지 않은 시점이었기에, 초반에는 누구나 겪을 수 있는 과정이니 어떤 점이 어려운지 파악해서 학교 담당자와 이야기를 해 보라고 조언했습니다. 가은이 엄마는 아이에게 스스로 한 선택이니 견뎌 보라고도 했지만, 아이는 점점 더 힘들어했다고 합니다. 중간에서 저도 홈스테이 가정과 교내 카운슬러에게 가은이의 어려움을 전달했지만 실은 해결되기 어려운 문제라는 것을 알고 있었습니다.

가은이가 가장 힘든 것은 영어나 학업이나 건강 문제가 아니라 친구가 없는 외로움이었기 때문입니다. 친구를 사귀어 보라고 조언했지만 어릴 때부터 친해져 공고해진 또래 그룹에 끼는 것은 쉽지 않았습니다. 게다가 한국인은 물론 국제학생들도 없는 학교라 의지할 친구를 찾는 것은 더욱 쉽지 않았지요. 가은이는 우리나라에 있을 때보다 더 한국 친구들과 연락을 많이 했고 새벽마다 부모님에게 전화해 외로움을 토로했습니다. 늘 친구들 관계에서 중심이고 주인공이었던 가은이었기에 견뎌야 할 외로움이 더 크게 느껴졌을 것이라 예상합니다.

한국에서 친구들 관계가 좋고 사교성이 좋았던 아이들이 이런 어려움을 많이 겪습니다. 특히 수업시간에 자유롭게 짝을 지어 과제를 하거나 그룹을 만들어 프로젝트를 하는 경우가 많기 때문에 소외감을 느끼기도 합니다. 국제학생에 대한 경험이 많지 않은 현지 선생님들은 국제학생까지 세심하게 챙겨 주지 못하기도 합니다. 영어가 서툰 사람과는 아무도 짝을 하려 하지 않는 사실을 아이가 고스란히 견뎌야 하지요.

한창 예민한 시기라 점심시간이 힘들기도 합니다. 큰 카페테리아에서 도대체 누구랑 밥을 먹어야 하나, 나는 어디에 앉아야 하나 고민되어 차라리 점심을 굶었다고 말한 학생도 있었습니다. 아이가 이런 상황도 견딜 수 있는 힘이 있는지 판단해 봐야 합니다. 그렇지 않다면 함께 의지할 국제학생이 있는 학교로 진학하는 것이 아이에게 필요합니다.

결국 가은이는 1년을 다 채우지 못하고 우리나라로 돌아왔습니다. 국내 학교로의 전학에 필요한 서류에 대해 이야기를 나누고 가은이 엄마가 큰 한숨을 쉬는 것을 끝으로 통화는 마무리되었습니다.

물론 위의 사례가 조기유학을 떠나는 아이들에게 흔히 일어나는 것은 아닙니다. 부모의 지지와 아이의 노력, 그리고 면밀한 컨설팅을 통해서 성공적으로 유학을 경험하고 자신의 목표를 이루는 아이들이 더 많은 것이 사실입니다. 다만 적어도 아이를 유학 보내려고 한다면 아이가 겪을 수 있는 위험은 어떤 것이 있을지 예상해 보고 결정하길 바라는 마음입니다.

공부부터 운동·예술까지
팔방미인을 추구하는 미국

조기유학지로 가장 많이 선택하는 미국, 영국, 캐나다의 교육 제도와 유학을 갈 수 있는 학교 형태에 대해 자세히 알아보겠습니다.

먼저 미국은 50개 주마다 각기 다른 교육법이 있습니다. 주별로 법은 다르지만 아이들의 교육은 무조건적으로 지원해야 한다는 기본 원칙은 같습니다. 주마다 나이 제한이 다른데 만 6~16세 혹은 만 18세까지가 의무교육 기간입니다. 교육을 아이들의 권리이자 국가에서 지원해야 하는 의무사항으로 여기기 때문에 미국의 초중고 교육 과정은 공립학교뿐 아니라 사립학교, 종교계 학교, 홈스쿨링 등 다양한 형태로 존재합니다. 대학교 역시 주립대, 사립대, 커뮤니티칼리지, 특수 대학 등으로 형태가 다양합니다.

미국의 교육 제도

미국 학교들은 대부분 1년에 2학기의 학사 일정으로 이루어져 있습니다. 8~9월에 1학기를 시작하고 1~2월에 2학기를 시작해 5~6월에 학년이 끝납니다. 1학기와 2학기 사이에는 짧은 겨울방학이 있고 2학기 종료 후에는 다음 학년까지 두 달이 넘는 긴 여름방학이 있습니다.

초중고 12년 제도를 기본으로 하지만 주마다 학교마다 다양한 형태의 시스템이 존재합니다. 학년 구분 역시 우리나라와 같이 초등 6년, 중등 3년, 고등 3년으로 나눈 학교도 있고 초등 8년, 고등 4년 혹은 초등 6년, 중고등 6년 등으로 다양합니다. 그렇기 때문에 우리나라에서 부르듯이 중학교 1학년, 고등학교 2학년 등으로 부르기보다는 7학년, 11학년 등으로 구분 짓는 것이 더 정확합니다.

미국의 초등 과정

전통적으로 초등 과정은 유치원부터 8학년까지입니다. 그러나 어떤 지역에서는 초등 과정이 6학년에 끝나고 7~8학년까지는 **주니어 하이 스쿨**(Junior high school)로 입학해 다니기도 합니다.

미국의 초등학교는 우리나라와 같이 담임 선생님(Homeroom

미국과 우리나라의 학제표 비교

우리나라		미국	
과정	학제	학제	과정
대학교	4학년	4학년	대학교
	3학년	3학년	
	2학년	2학년	
	1학년	1학년	
고등학교	3학년	12학년(SAT)	하이 스쿨
	2학년	11학년(ACT)	
	1학년	10학년(PSAT)	
중학교	3학년	9학년	
	2학년	8학년(SSAT)	주니어 하이 스쿨
	1학년	7학년	
초등학교	6학년	6학년	엘리멘터리 스쿨
	5학년	5학년	
	4학년	4학년	
	3학년	3학년	
	2학년	2학년	
	1학년	1학년	
유치원		킨더가든	
		프리킨더가든	

Teacher)이 반 학생들의 전 과목을 가르칩니다. 미국 초등 과정의 핵심은 읽기 교육입니다. 미국의 초등학교들은 3학년에 글을 완전히 읽는 것, 고학년에는 제대로 이해하는 것을 목표로 하고 있습니다. 읽기 수업은 일반 출판사에서 나온 창작동화, 고전, 과학동화 등을 교재로 사용하는데, 정해져 있는 교과서가 없기 때문에 학교마다 선택하는 책이 다릅니다. 책의 난이도와 수준을 정할 때는 **렉사일 지수**(Lexile Score)*를 대표적인 기준으로 사용합니다. 미국의 많은 주에서는 렉사일 지수를 기준으로 책을 선정할 뿐 아니라 아이들의 학업 역량을 판단하는 시험도 냅니다.

미국의 중고등 과정

미국의 중고등 과정은 보통 7학년에서 12학년까지입니다. 간혹 7~8학년을 주니어 하이 스쿨로 구분하는 학교도 있습니다. 일반적으로 이 과정부터는 학생들이 자신의 졸업 학점을 위해 시간표를 짜고(학점 및 졸업 요건에 대해 조언해 주는 카운슬러가 존재) 이동 수

• 렉사일 지수란 미국 메타메트릭스가 개발한 '미국 국가공인 독서능력 평가 프로그램'입니다. 유치원생부터 고등학생까지 학교에서 읽을 수 있는 작품 약 4만 4,000권을 분석해 책에 수준별로 점수를 부여한 것입니다. 쉬운 수준인 A부터 가장 어려운 수준인 Z까지 분류한 뒤에 학년별로 필요한 점수와 그에 따라 권장되는 도서들을 분류해 놓았습니다. 학생들은 자신의 수준에 맞는 책을 효율적으로 골라 읽을 수 있습니다. 또 테스트로 자신의 점수를 확인할 수 있으며, 이 수치에 따라 학년에 맞는 읽기 능력이 있는지도 판단할 수 있습니다.

업을 합니다. 고등학교 졸업 때까지 한 교실에서 교사가 바뀌며 진행하는 우리나라의 수업과는 다르지요.

미국은 수준별 수업이 매우 보편화되어 있습니다. 빠르게는 초등 고학년부터 시작하고 중고등 과정이 되면 학생의 능력별로 다른 과목을 선택해 이수할 수 있습니다. 같은 교과 과정과 시험으로 우열만 나눈 우리나라와 달리 아예 다른 교과서와 다른 시험으로 성적이 매겨집니다.

일반적인 과정을 심화해 배우는 **우수반**(Honors)이 있고 이보다 높은 수준으로 대학교 수업을 미리 선행할 수 있는 **AP**(Advanced Placement) 과정이 있습니다. 또 대학교 입시에 유리한 **IB 디플로마** (International Bacaalaureate Diploma) 과정이 있습니다. 이 외에 학업 능력이 부족한 학생들을 위한 **기초반**(Basic Class), 영어가 제2외국어인 학생들을 위한 **ESL**(English as a Second Language)반 그리고 학습 장애가 있는 학생들을 위한 특수반 등으로 다양한 분반 수업이 이뤄집니다.

미국은 일찍부터 고교학점제를 시행하고 있기 때문에 학생들이 졸업을 하기 위해서는 꼭 이수해야 하는 학점이 있습니다. 간혹 학점을 채우지 못해 재수강을 하거나 학점이 뛰어나 월반을 하는 경우, 학년과 무관하게 수업을 듣는 경우도 발생합니다. 우리나라의 대학교 학사 제도를 연상하면 이해하기가 쉬울 것입니다.

미국의 수준별 수업

우수반	정의	일반적인 과목을 심화해 배우는 반
	연령	10학년 이상 수강 가능
	특징	해당 과목의 기초가 되는 과목을 우수한 성적으로 이수를 해야 우수반을 신청을 할 수 있다. 우수반 과목을 수강했을 경우 대학 입학지원서에는 우수반 과목이 표기되기 때문에 일반 과목에 비해 유리하다. 내신 점수에도 가산점을 받는다.
대학 과정 선이수제 (AP)	정의	고등학교 과정 중 대학교 과목을 미리 듣고 학점을 이수하는 제도
	연령	11학년부터 수강 가능
	특징	매년 5월에 있는 AP시험을 통과해야 대학교 학점으로 인정받을 수 있다. 학교마다 제공하는 AP과목의 종류와 수가 달라 유학생들이 학교를 선택하는 기준이 되기도 한다.
IB 디플로마	정의	창의적이고 비판적인 사고와 문제해결능력을 배양하기 위해 만들어진 교육 과정
	특징	과목별로 깊이 있게 사고하고 주도적으로 해결해야 하는 프로젝트가 많다. 교과목 외에 필수로 해야 하는 활동은 창의성(Creativity), 행동(Action), 봉사(Service)로 구분하고 머리글자를 따 CAS라고 부른다. 이수하는 데 총 18개월이 걸리며 미국 대학교에서는 IB 디플로마를 이수한 학생을 선호한다. 다양한 국가에서 선택적으로 이 과정을 채택하고 있으며, 우리나라에서는 경기외고와 대구교육청에서 운영 중이다.

미국의 대학 입시

미국은 대학 이상의 교육을 받은 청년층의 비율이 선진국 중 가장 높은 나라입니다. 대학 학위를 필수 요건으로 보지는 않지만 학위가 있으면 일자리의 기회가 많아지며 더욱 높은 임금을 받을 수 있다는 인식이 강합니다. 따라서 미국의 대학 및 전문학교의 교육 과정은 매우 발달해 있습니다. 미국 내에 존재하는 대학의 수는 4,000여 개 정도 되며 세계 순위권의 명문 대학도 많습니다. 이에 미국 조기유학을 선택하는 부모들은 아이가 대학까지 진학하기를 바라는 경우가 많습니다. 대학의 수가 많은 만큼 저마다 서로 다른 특색을 가지고 있으며 학생 선발 기준도 다릅니다. 기본적으로는 우리나라의 수능 시험격인 **SAT**(Scholastic Aptitude Test) 또는 **ACT**(American College Testing program), 그리고 학생의 다양한 활동 이력을 기준으로 선발합니다.

미국 대학 입시의
주요 항목

① **내신 성적:** 내신 성적은 학생의 고등학교 생활을 단적으로 평가할 수 있는 항목입니다. 사실상 고등학교 간의 우열은 크게 중요하

지 않고 학생이 계속해서 꾸준한 성적을 받았는지 혹은 발전했는지 등을 평가합니다. 또한 고등 과정 동안 일반 과목을 이수했는지, 우수반 혹은 AP과정을 이수했는지도 중요하게 살펴봅니다. 때문에 조기유학생들이 무조건적으로 명문 학교만을 욕심내 진학하면 입시에 불리할 수도 있습니다. 자신에게 맞는 학교를 선택해 좋은 성적을 꾸준히 받는 것을 목표로 해야 합니다.

② **SAT**: 미국의 대학 입학 자격 시험으로 미국 대학에 진학할 때 심사의 기준이 됩니다. SAT 논리력 시험(SAT Reasoning Test)과 SAT 과목 시험(SAT Subject Test)으로 구성이 되어 있으며 우리나라의 대학 수학능력 시험과 같이 표준화된 시험입니다.

그런데 SAT를 주관하는 단체인 칼리지 보드(College Board)에서는 SAT 과목 시험을 폐지하겠다고 발표해 2021년 6월부터 과목 시험은 볼 수 없습니다. 폐지 이유는 과목 시험은 AP수업으로 대체할 수 있으며 에세이 작성 역량을 판단하는 데 조금 더 집중하기 위해서라고 합니다. 최근 몇 년 사이 미국 대학교에서도 SAT 점수보다 학생들의 내신 성적 및 다양한 활동, 에세이에 가중을 두는 모습을 보여 왔는데, 이번 기회로 SAT의 영향력은 조금 더 약해질 듯합니다.

③ **다양한 활동 경력**: 미국의 대학 입시에서 다양한 활동이 중요한 것은 많이 알려진 사실입니다. 그러나 많은 학생들이 입학에는 큰 도움이 안 되는 활동에 시간과 에너지를 낭비하곤 합니다. 미국의

대학교가 다양한 활동을 적극적으로 한 학생들을 선호하는 것은 맞지만 개수와 범위보다는 관심 분야에 집중한 1~2개의 활동에 오래 참여한 것에 더 높은 점수를 줍니다. 지원자가 투자한 시간뿐 아니라 이 활동을 통해 지원자가 어느 분야에 관심과 흥미가 생겼으며 무엇을 배웠는지 중점적으로 평가합니다. 대학 입시만을 위한 단시간의 봉사활동이나 보여 주기 식의 증명서는 아무런 효과가 없습니다.

④ **에세이:** 미국 대학 입시에서 점점 더 중요해지는 것이 바로 에세이입니다. 단순한 자기소개를 넘어 자신만이 가지고 있는 잠재력과 독특함을 녹여야 합니다. 어떤 것에 관심을 두고, 어떤 환경에서 공부하고 살아왔는지, 나아가 이 대학교에 입학했을 때 학교의 구성원으로 무엇을 기여할 수 있는지를 에세이에서 보여 주어야 합격 확률이 올라갑니다.

⑤ **추천서:** 지원자에 대해 잘 알고 있는 교사의 시각을 통해 성적이나 수상 내역 등에서는 알 수 없는 지원자의 성품을 알고자 하는 것입니다. 대학마다 다르지만 대개 학교의 카운슬러 및 주요 과목 교사의 추천서 2개 정도를 요구합니다. 선생님과의 소통이 익숙하지 않은 조기유학생들은 이 추천서를 받는 시기에 애를 먹기도 합니다. 평소 학교생활을 하는 동안 성실하고 바른 학습 태도로 교사와 좋은 관계를 유지하는 것이 중요합니다.

미국의 학교 형태

① **공립학교**: 미국 현지 학생들은 만 6~7세부터 공립학교 1학년으로 입학해 무상으로 공부합니다. 현지 학생들을 위한 학교로 유학생들의 입학은 허가하지 않습니다. 단, 문화 교류의 일환인 교환학생으로 입학하는 것은 가능합니다. 교환학생은 연령(15~17세) 및 학업 역량(평균 C 이상, 영어시험 및 인터뷰 통과자)에 제한이 있습니다. 간혹 부모가 학업이나 다른 이유로 비자를 받아 미국에 체류할 때 자녀가 무상으로 교육받을 수 있는데, 이때에는 유학생이 아닌 현지의 학생으로 입학을 하는 것이므로 학생비자를 필요로 하지 않습니다.

② **사립학교**: 현지 아이들도 학비를 납부하고 다니는 학교입니다. 조기유학생은 모두 사립학교로 입학하며 사립학교의 형태에 따라서 통학학교, **기숙학교**(Boarding school)로 나뉩니다. 또 미국에는 가톨릭 및 기독교 계열의 학교가 많은 편입니다. 가톨릭 학교는 큰 규모에 다양한 커리큘럼이 장점인 경우가 많고, 기독교 학교는 작지만 세심한 관리가 장점인 경우가 많습니다. 사립학교에는 대부분 국제학생들을 위한 ESL수업과 카운슬러가 있는 것도 장점입니다. 내신 성적으로 1차, 영어 시험 및 인터뷰로 2차 절차를 통과해야만 입학할 수 있습니다. 사립학교 진학 전에는 학교의 규모, 개설된 과목, 클럽활동, 지역, 학비 등을 고려해야 합니다.

미국 조기유학 시
꼭 알아 두어야 할 것

미국은 매우 많은 숫자의 사립학교가 있고 학교마다 커리큘럼이나 학비의 차이가 큰 국가입니다. 다양한 이유로 많은 사람들이 출국하는 나라인 만큼 '카더라 통신' 등 정확하지 않은 정보도 많습니다. 조기유학 계획을 세울 때는 반드시 우리 아이에게 맞는 학교가 어디인지 체크해야 합니다.

Q 입학은 언제 하나요?

미국 학교의 입학은 1학기인 8~9월이나 2학기인 1~2월에 할 수 있습니다. 단, 2학기 입학은 정원이 마감되지 않아 공석이 있어야 가능하므로 1학기를 추천합니다. 초등학교 과정은 우리나라에서의 학년이 아닌 아이의 생년월일을 기준으로 입학 학년을 배정받습니다. 중고등학교 과정은 우리나라에서의 학년을 기준으로 배정받습니다. 예를 들면 우리나라에서 중학교 3학년 2학기가 되는 9월에 미국 학교에 입학한다면 9학년으로 학기를 시작합니다. 간혹 고등학교의 경우, 학생의 출생 월에 따라 우리나라에서의 학업능력을 확인하고 한 학년을 낮추기도 합니다.

Q 사립학교 입학은 어떻게 하나요?

사립학교마다 입학 절차는 조금 차이가 있습니다. 미국 사립 고등학교의 입학 시험인 **SSAT**(Secondary School Admission Test)와 토플을 필수로 요구하는 학교도 있지만 이런 사립학교는 소수입니다. 대부분의 사립학교는 우리나라에서의 3년치 성적표(또는 생활기록부)와 영어능력 시험(토플, ELTis, 토익 등) 성적을 요구하고 인터뷰를 봅니다. 학교마다 차이가 있지만 대개 주요 과목의 성적 C 이상을 요구합니다.

수업을 알아듣고 읽을 수 있는 정도의 영어 실력이 있어야 하며, 인터뷰에서는 영어 실력보다는 학생의 태도와 자세를 중요하게 봅니다. 주요 지역의 사립학교는 9월 학기를 기준으로 같은 해 2~3월이면 마감되는 편입니다. 홈스테이와 기숙사 자리에 따라서 마감이 정해집니다.

Q 학교는 어떤 기준으로 고르나요?

미국의 사립학교는 숫자를 셀 수 없을 정도로 많습니다. 그렇기 때문에 전문가와의 상담을 통해 학교를 경험한 이들의 후기와 학교의 프로그램을 구체적으로 듣는 것이 가장 안전합니다. 사립학교를 선정할 때는 유학생 가정의 1년 예산, 학교 규모, 제공하는 커리큘럼(Honors, AP), 대학 진학률, 국제학생들의 진학 사례, 제공하는 클럽활동(음악, 체육) 등을 기준으로 살펴보면 좋습니다.

미국에서 학교에 대한 정보를 찾아볼 때 가장 많이 사용하는 니치(Niche.com)라는 웹사이트가 있습니다. 관심 있는 지역의 유치원부터 대학원까지의 정보 및 학교의 항목별 등급을 알려 주며, 해당 지역의 부동산 정보까지 제공하는 유용한 웹사이트입니다. 니치를 통해 객관적인 정보를 확인하는 것도 좋은 방법이며 대개 B 이상의 등급이면 수준이 높은 학교라고 볼 수 있습니다.

Q 비자는 어떻게 발급받나요?

유학생들은 모두 F1이라는 학생비자를 발급받아야 합니다. 심사받을 필수 서류들을 가지고 미국 대사관으로 직접 방문해 인터뷰를 봅니다. 이때 학생이 학업을 할 학교가 어디인지, 충분한 재정은 있는지, 미국에서 공부할 자세가 된 학생인지 등을 영사가 판단해 비자의 발급 여부를 결정합니다. 만 14세 이하의 아이는 보호자가 동반해야 하며 인터뷰는 아이 혼자 진행합니다.

☑ 필수 서류

- [ ] 비자 신청서

- [ ] 여권 및 여권 사본, 여권용 사진

- [ ] 진학하는 학교에서 발급해 주는 입학 허가서(I-20)

- [ ] 세비스피(SEVIS Fee)* 납부 영수증

- [ ] 기본증명서 및 가족관계증명서

- [ ] 현 학력 서류(우리나라 학교 성적표 및 재학증명서)

- [ ] 재정 증빙 서류

Q 가디언은 필수인가요?

가디언(Guardian)은 미성년자가 미국으로 유학을 갈 경우 필요한 법적인 보호자를 뜻합니다. 미국 비자법상 가디언이 필수는 아닙니다. 하지만 현지에서 학생의 보호자 역할을 해 줄 사람은 반드시 필요합니다. 학교나 프로그램별로 아이의 법적인 보호자가 될 사람을 지정하면 현지에서 위급상황이 발생했을 때 해결하거나 도움을 줍니다. 때론 법적인 권한을 부모로부터 부여받아 행할 사람이 반드시 필요합니다. 뿐만 아니라 아이의 생활 및 학업적인 부분에서도 반드시 관리가 필요하기 때문에 가디언이 없을 경우 국제학생들을 관리를 해 줄 수 있는 담당자가 있는 학교로 진학하는 것이 좋습니다.

- 미국 입국자들의 신원을 관리하기 위해 미국 정부에 지불하는 비용

04 | 적성을 일찍 발견해 깊이 공부하는 영국

영국의 교육 제도

영어 종주국인 영국은 오랫동안 교육을 국가의 목표로 삼을 정도로 교육 관련 정책 및 투자가 많은 나라입니다. 얼마 전 영국 보리스 존슨 총리는 영국 잉글랜드 지역 초중고 학교에 향후 10년간 10억 파운드(약 1조 5,000억 원)를 투입할 계획을 밝혔습니다. 영국의 교육을 세계 최고 교육 수준(World-class education)으로 높이겠다는 목표와 함께였습니다. 또한 영국의 교육 현장에는 학업뿐 아니라 인성 및 사고력을 함께 발달시키는 전인격적 교육도 곳곳에 녹아 있습니다.

영국은 9월, 1월, 4월 3학기제로 운영되고 있습니다. 특이하게 학기 중에도 **하프텀**(Half Term)이라고 하는 7~10일의 방학과 **엑시엇**(Exeat)이라고 하는 2박 3일의 짧은 방학이 있습니다. 영국의 학기를 처음 겪는 부모들은 방학이 왜 이리 많은지 의아해하지만 영국의 교육에서는 이 기간이 무척 중요합니다. 이때 배운 것을 복습하고 추천 도서를 읽는 등 재충전의 시간을 갖습니다.

초중고는 13년제에 대학은 3년제(건축, 의대, 수의대 등의 전공별 차이는 있습니다)입니다. 영국 학생들의 필수 교육은 중학교까지라 고등 과정부터는 본인의 진로에 맞는 교육 과정을 제공하는 학교로 진학합니다. 유학생들에게는 흔치 않지만 영국의 학생들은 중학교 이후에 바로 직업 교육을 받기도 합니다. 중학교 때 대학 진학 여부를 결정하고, 고등학교 때는 전공 과목을 정하는 영국 교육은 그만큼 아이들이 적성을 일찍 발견해 깊이 있게 공부하게 하는 특징이 있습니다.

영국의 학년을 표기하는 방법은 '**Year**'입니다. 7학년(Year7)부터는 '**Form**'이라는 다른 명칭으로 규정이 되기도 합니다. 이에 영국의 학년 표기법 자체를 낯설어하는 부모들이 많습니다. 이해를 돕기 위해 우리나라의 학제와 비교하면 1~2학년은 예비 초등(유치부), 3~8학년은 초등 과정, 9~11학년은 중등 과정, 12~13학년은 고등 과정으로 볼 수 있습니다. 즉 우리나라의 6-3-3-4 학제와 달리 8-3-2-3 학제입니다.

영국과 우리나라의 학제표 비교

우리나라		나이(만)	영국	
과정	학제		학제	과정
대학교	4학년	22	박사	박사 과정
	3학년	21	석사	대학원
	2학년	20	3학년	대학교
	1학년	19	2학년	
고등학교	3학년	18	1학년	
	2학년	17	13학년 (Upper Sixth)	에이 레벨
	1학년	16	12학년 (Lower Sixth)	
중학교	3학년	15	11학년(Form5)	GCSE
	2학년	14	10학년(Form4)	
	1학년	13	9학년(Form3)	시니어 스쿨
초등학교	6학년	12	8학년(Form2)	프렙 스쿨 또는 주니어 스쿨
	5학년	11	7학년(Form1)	
	4학년	10	6학년	
	3학년	9	5학년	
	2학년	8	4학년	
	1학년	7	3학년	
유치원	–	6	2학년	예비 학교
		5	1학년	

영국의 초등 과정

영국에서는 만 5세에 1학년을 시작해 8학년까지 초등 교육 과정에 속합니다. 초등 과정을 제공하는 학교를 **주니어 스쿨**(Junior School) 또는 프리패러토리 스쿨(Preparatory School), 줄여서 **프렙스쿨**이라고 부릅니다. 1~2학년은 예비 학교를 다니는 시기로 사실상 초등 과정을 준비하는 유치부 과정으로 보는 것이 명확합니다. 7학년부터는 중등 학년으로 가기 위한 본격적인 학습이 시작됩니다.

대개 7~8학년에 **CEE**(Common Entrace Exam)라고 불리는 초등 과정의 졸업 시험을 치릅니다. 영국의 명문 사립중등학교에 입학하기 위해서는 여기서 좋은 성적을 받아야 합니다. 필수 과목으로는 영어, 수학, 과학이 있으며 선택 과목은 지리, 역사, 종교학 그리고 외국어(프랑스어, 독일어, 스페인어, 그리스어, 라틴어) 등이 있습니다. 1년에 3번 시험을 치를 기회가 있는데 1월, 6월, 11월이며 대부분의 학생들은 모든 학기가 끝나는 6월에 시험을 치릅니다. 이 시험에서 전체 평균 점수가 65점이면 통과한 것으로 간주됩니다. 다만 명문 사립중등학교의 경우는 그보다 더 높은 점수를 요구합니다. 초등부터 고등학년까지 다닐 수 있는 몇몇의 사립학교는 어려서부터 학생들이 시험에 노출되는 것을 방지하기 위해 일부러 이 시험을 치르지 않기도 합니다.

영국의 중등 과정

영국의 중등 과정은 정확하게는 10~11학년에 해당하는 과정입니다. 9학년은 본격적인 중등 과정을 시작하기 전 준비단계로 볼 수 있습니다. 10~11학년의 2년은 **GCSE**(General Certificate of Secondary Education) 과정이라고 부릅니다. 중등 과정에서는 8~10개 과목을 공부하고 영어, 영문학, 수학, 과학(물리, 화학, 생물)의 필수 과목과 역사, 지리, 미술, 기술, 외국어(독일어, 스페인어, 중국어 등), 체육 등의 선택 과목이 있습니다.

GCSE 과정에서 선택하지 않은 과목을 그다음 과정인 고등 과정에서 선택할 수는 없습니다. 또한 고등 과정에서 선택한 과목이 대학교 진학 시에도 이어집니다. 중등 과정부터 어떤 과목과 분야에 흥미가 있는지를 생각하고 파악해야 하는 것입니다.

영어, 수학, 과학 등의 일부 과목은 중등 과정부터 수준별 학습을 시작합니다. 일찍부터 본인의 적성을 발견해서 심도 있게 공부하기 위함입니다. 학생의 역량에 따라 파운데이션(Foundation), 하이어(Higher) 또는 코어(Core), 익스텐디드(extended)로 나누고 세트(Set)이라고 표현합니다. 따라서 같은 반 학생이라도 과목에 따라 각자 진도가 다릅니다. 세트가 낮은 학생들은 GCSE 시험에서 받을 수 있는 최고 점수가 C이기 때문에, 학기 중에 높은 세트를 만들어 놓아야 합니다.

GCSE 시험은 11학년의 마지막 학기 중인 4~5월경 5주에 걸쳐서 과목별로 치르며 이 결과는 학교에서 확인이 가능합니다. 5개 과목 이상에서 C 이상을 맞아야 그다음 고등 과정인 에이레벨로 진학할 수 있습니다. 채점은 절대평가로 진행되며 시험뿐 아니라 코스워크(Course work)라고 부르는 일종의 수행평가 결과도 고등 과정 진학에 20~60%의 영향을 미칩니다.

GCSE 시험은 학기 중에 보지만 성적은 학기가 모두 끝난 8월 4째주 목요일에 확인할 수 있습니다. 점수는 9점(기존 A*) 만점이고 실패한 과목은 U(Unclassified)로 표기되어 아예 이수한 과목에서 제외됩니다. 영국 대학교 입학에 필수적으로 반영되는 점수는 아니지만, 옥스브릿지(옥스퍼드 및 캠브리지), 임페리얼, LSE(런던정치경제대학교) 등의 최상위권 대학교에서는 A 이상의 점수가 있어야 유리합니다.

영국의 고등 과정

영국의 고등 학년은 **식스폼**(Sixth Form)이라고 부릅니다. 폼(Form)이란 6학년 이후 과정을 일컫는 것입니다. 다른 학년은 굳이 폼1, 폼2 등으로 부르지 않습니다. 유독 마지막 고등 과정인 12~13학년을 식스폼이라 부르는 이유는 아마도 의무 교육 과정이 아닌 학생의 진로에 따라 선택하는 과정이기 때문 아닐까 싶습니다.

대학교 진학을 희망하는 학생들은 특별한 경우를 제외하고는 **에이레벨**(Advanced Level) 과정을 이수합니다. 에이레벨은 **AS레벨**과 **A2레벨**으로 이루어져 있으며 2년 동안 학생들은 최소 3개에서 최대 5개까지의 과목을 선택해 이수합니다. 에이레벨 과목은 우리나라의 고등학교에서 흔히 볼 수 있는 과목이 아닌 것도 많습니다. 경영학이나 경제학, 회계학, 정책학, 식품학, IT, 컴퓨터공학, 드라마, 필름학 등 마치 우리나라 대학교 1학년의 과정과 비슷합니다. 따라서 에이레벨 진학 시에는 자신이 대학에서 전공하고자 하는 분야가 명확해야 하며 특수한 학과의 경우 이 과목을 제공하는 학교로 진학해야 합니다.

에이레벨 시험(General Certificate of Education Advanced Level) 시험은 2년의 과정 중 두 번 치릅니다. 먼저 12학년이 끝날 무렵 AS레벨 시험을 치릅니다. 학생들은 보통 AS레벨에서 4~5개의 과목을 공부하다가 이 시험 결과에 따라 A2레벨에서는 3~4개의 과목으로 줄이기도 합니다.

그다음 13학년의 마지막 학기 중에 A2레벨 시험을 보며 이때 모든 과목의 문제는 서술형입니다. 이 성적은 대학교 입시에 반영되며 A*, A, B, C, D, E 그리고 실패한 과목은 U로 평가됩니다. 상대평가와 절대평가 방식이 섞여 있습니다. 일반적으로 대학에서 요구하는 3개 이상의 과목에서 최저점을 넘어야 합격할 수 있습니다. 최종 시험 성적은 8월 3째주 목요일에 확인이 가능합니다.

영국의 대학 입시

영국은 **UCAS**(University College Admission System)라는 시스템을 통해서 총 5개의 대학에 지원합니다. 의대 및 옥스브릿지는 10월 15일이 지원 마감일이며, 그 외의 대학교들은 1월 15일(코로나 팬데믹 상황에 따라 1월 26일로 변경되기도 했습니다)이 1차 마감일입니다.

AS레벨 과정을 마친 후 12학년 말에 예상 점수로 5개의 대학에 지원하며 자기소개서와 추천서도 필요합니다. 예상 점수란 학생의 AS레벨 시험 및 그동안의 역량을 보고 1년 뒤에 받을 수 있는 점수를 학교에서 예측한 점수를 말합니다. 그만큼 학교의 경험과 연륜이 중요합니다. 대학교들은 지원서를 검토 후 조건부 입학 허가를 준 다음, 추후 A2레벨 시험 점수를 확인해서 입학 가능 여부를 최종 결정합니다.

영국 조기유학 시
꼭 알아 두어야 할 것

영국은 낯선 교육 제도만큼이나 조기유학을 가는 전체적인 숫자 자체가 매우 적은 편입니다. 따라서 정확한 정보를 찾기가 어려울 때도 많습니다. 영국 조기유학을 고려한다면 입학이 가능한 학교와 시기를 정확히 알고 있어야 아이에게 꼭 맞는 계획을 세울 수 있습니다.

Q 입학은 언제 하나요?

첫 학기가 시작하는 9월에 입학하는 것이 가장 일반적입니다. 정원이 모두 차지 않았거나, 이동하는 학생이 있어 공석이 있다면 이후 학기 시작인 1월이나 4월에도 입학이 가능합니다. 이때에는 학교에 개별적으로 확인해야 합니다.

다만 10~11학년과 12~13학년은 각각 2년 동안 진행되는 과정이므로 9월 이후의 중간 입학이 불가능합니다. 또한 10학년이나 12학년 즉, 각 과정이 시작하는 시기에만 입학이 가능합니다. 국제학생들을 대상으로 하는 국제학교의 경우 입학 시기가 조금 더 유연하기도 해 각 학교별로 확인이 필요합니다.

입학하는 학년은 우리나라의 학제와는 전혀 다릅니다. 만 5세를 1학년으로 시작해 아이의 생년월일에 따라 계산합니다.

Q 입학이 가능한 학교는 어디인가요?

영국의 공립학교는 유학생들의 입학이 불가능해 모두 사립학교로 입학합니다. 사립학교 중에서도 유학생 비자에 필요한 입학 허가서를 발급하는 학교로 진학해야 하며, 이는 입학 진행 시 별도로 학교에 확인을 해야 합니다.

기숙사가 없는 통학학교는 만 11세 이하의 아이가 부모 한 명과 함께 가는 경우와 만 16세 이상의 아이가 영국 내 친인척 집에 거주하는 경우에 입학이 가능합니다. 그 외는 모두 기숙학교로 입학해야 합니다. 사립학교에는 **식스폼 칼리지**(Sixth Form College) 또는 **튜토리얼 칼리지**(Tutorial College)라고 불리는 학교 형태가 있습니다. 그곳은 영국의 마지막 학년인 12~13학년 즉, 식스폼에 해당하는 과정만 제공하는 학교입니다. 다양한 활동과 경험보다 대학 진학에 초점이 맞춰져 있어 만 16세 이상의 학생들이 진학하기에 알맞은 곳입니다.

Q 명문 사립기숙학교에 입학하려면 어떻게 해야 하나요?

영국은 사립기숙학교 시스템이 매우 발달한 국가로, 영국 조기 유학을 선택하는 이유가 영국 사립기숙학교를 보내기 위한 것이라고 해도 과언이 아닙니다. 영국 사립기숙학교는 기본 100년 이상의 역사를 지니고 있는 학교들이 많습니다. 오랜 시간 학생들을 지도하며 얻은 교육 노하우와 학교마다 가진 전통으로 명성과 자부심이 높은 학교들이 많습니다. 우수한 인재를 길러 상위권 대학에 진학시키는 것은 물론 기숙사 생활을 통해 타인을 배려하고 예의를 지키는 법도 엄격하게 가르칩니다. 공부뿐 아니라 펜싱, 크리켓, 골프, 수영, 발레, 음악, 미술활동 등과 같은 스포츠 및 창의활동도 중요하게 생각해 학교 내에서 지도합니다.

사립학교 중에서 소위 명문이라고 불리는 학교는 약 2~3년 전부터 지원을 해야 학교의 입학 시험과 인터뷰를 거쳐 입학할 수 있습니다. 더구나 이 모든 과정은 국제학생 전형이 아닌 영국학생들과 동일한 것으로 그만큼의 영어 실력 및 영국 교육에 대한 이해가 있어야 입학이 가능합니다.

Q 비자는 어떻게 발급받나요?

만 5~17세의 학생들은 **영국 학생비자**(Child Student Visa)를 발급

받아야 합니다. 영국의 학생비자를 심사하는 기관이 필리핀 마닐라에 있기 때문에 모든 비자 진행 절차는 온라인으로 합니다. 다만 온라인으로 접수한 서류와 여권은 비자센터에 제출하고 본인 확인을 해야 합니다. 미성년자인 아이는 보호자가 동반해야 하며 이때 서류 심사나 인터뷰 등은 전혀 없습니다.

☑ 필수 서류

- ☐ 온라인 비자 신청서
- ☐ 결핵 검사 결과지(지정 병원)
- ☐ 여권 및 여권 사본
- ☐ 학교에서 발급해 주는 입학 허가서(CAS)
- ☐ 부모 유학 동의서 및 재정 동의서
- ☐ 가디언 지정 동의서(부모 중 한 명 동반 시 필수 아님)
- ☐ 가족관계증명서
- ☐ 재정 증빙 서류(학교 및 과정에 따라 필수가 아님)

Q 가디언은 꼭 필요한가요?

부모가 영국에 거주하지 않는 경우 만 18세 미만의 학생은 반드시 가디언을 지정해야 합니다. 영국의 모든 사립학교는 입학 시 가디언 지정을 의무로 하고 있으며, 가디언이 부모를 대신해 학업 및 생활 등에서 보호자 역할을 해야 합니다.

Q 엄마가 함께 갈 수 있나요?

영국은 아이가 만 11세 이하일 경우에만 부모 중 한 명이 동반 가능합니다. 아이가 영국 학생비자를 받으면 아이의 보호자 자격으로 **부모비자**(Parents of Child Student Visa)를 신청해 함께 체류할 수 있습니다.

또한 부모 중 한 명이 석사 이상의 학위를 영국에서 하는 경우는 가족이 모두 동반 가능하며, 아이는 공립학교에서 무상으로 공부할 수 있습니다. 다만 이 경우는 조기유학의 범주에서는 벗어나기에 공립학교에 대한 정보를 유학원을 통해서는 얻을 수 없습니다.

미국·영국의 수업과 평가 방식
한눈에 보기

절대평가를 기본으로
다양하게 수업하는 미국

똑같은 교과서로 수업해 똑같은 시험 문제를 푸는 우리나라와 달리 미국을 비롯한 교육 선진국은 교사별 자율수업과 자율평가가 이루어집니다. 또한 상대평가가 아닌 절대평가를 의무화하고 있습니다. 상대평가 아래 학생들끼리의 변별력을 높이기 위해 시험 문제를 일부러 어렵게 내는 8학군이 존재하는 우리나라와는 다른 실정이지요.

미국의 교사에게는 많은 자율성과 책임이 주어집니다. 물론 교사가 속한 학교가 원하는 큰 방향은 있겠지만 교사의 교육 철학에 따라 창의적으로 수업을 진행할 수 있습니다. 가장 큰 차이는 교재입니다. 수업에 사용할 교재를 온전히 교사가 고를 수 있습니다. 교육부가 제시하는 교과 과정 기준을 따르면서 학교에서 정해 준 교과서를 써야 하는 우리나라와 다르지요.

다른 반 아이와 같은 주제를 공부해도 다른 교재와 방식으로 수업을 듣습니다. 그럼에도 교사의 역량에 따라 수업의 질에 큰 차이가 나지 않는 이유는 체계적인 제도를 갖추고 있기 때문입니다. 예를 들어 교장과 교감이 수시로 교실을 참관하며, 학부모의 교사평가 제도도 갖추고 있습니다.

학생들의 평가 방식도 우리나라와 차이가 있습니다. 미국의 한 학교에서 발행한 성적표(134~135쪽 참고)를 예로 보면 각 평가 항목은 숙제, 퀴즈, 시험, 에세이, 프로젝트, 학기말 고사 등으로 나뉘어져 있습니다. 이 모든 항목을 합친 점수를 학과목 교사가 학생에게 부여합니다. 항목별 가중치부터 시험 문제와 형태, 횟수까지 전적으로 학과목 교사의 재량입니다.

시험을 퀴즈처럼 매일 보는 반이라면 평가는 단어 시험 또는 짧은 에세이 시험 등으로 진행됩니다. 교사에 따라 이러한 시험을 1~2주에 한 번씩 정기적으로 보기도 하고 학기말 고사만 보기도 합니다. 또는 시험 없이 프로젝트를 통해 평가하거나 'take-home test(집에 가서 문제를 풀어서 가져오는 시험)'로만 평가하기도 합니다. 시험 문제는 객관식도 있고 주관식도 있습니다.

미국 학교 성적표의 예

11학년 영어 영국문학

수업 태도 및 과제					점수반영 25%	
수행물	점수	만점	제출	기한	벌점	메모
햄릿 책	10	10	Y	01/10		
클라우디우스와 거트루드는 햄릿을 어떻게 대합니까? 햄릿은 왜 그렇게 화가 났나요?	10	10	Y	01/11		
정령은 햄릿에게 무엇을 하라고 하나요? 이유는 무엇인가요?	10	10	Y	01/14		
햄릿 재현 공연하기	10	10	Y	01/27		
캐릭터 분석하기	10	10	Y	01/28		
햄릿은 왜 미쳤나요? 그 비극의 원인은 무엇일까요?	10	10	Y	01/29		
클라우디우스의 반응을 설명하기						
도서관 카드 신청	10	10	Y	01/31		
햄릿 토크쇼	12	12	Y	02/04		
오필리아에게 무슨 일이 일어날까요? 그녀의 정신상태를 햄릿과 비교해 보세요.	10	10	Y	02/06		
심리학자와 햄릿에 대한 창의적인 글쓰기	10	10	Y	02/10		
퀴즈					**점수반영 30%**	
수행물	점수	만점	제출	기한	벌점	메모
햄릿 퀴즈 1~2단원	18	20	Y	01/16		

햄릿 퀴즈 3~4단원	10	14	Y	01/31		
햄릿 퀴즈 5~6단원	7	10	Y	02/10		
테스트/에세이/프로젝트					**점수반영 30%**	
수행물	점수	만점	제출	기한	벌점	메모
셰익스피어 그리기	10	10	Y	01/08		
햄릿에 대한 신문기사 작성	10	10	Y	01/23		
햄릿에게 주는 편지 또는 여행 브로셔 만들기	10	10	Y	01/27		
기말 시험					**점수반영 15%**	
학기 점수	93 A					

아주 간단히 말해 그냥 교사 마음대로 평가합니다. 교사가 매기는 점수가 공정하지 않을까 염려하기도 하는데(실제 부모들에게 질문을 많이 받습니다), 학생 자신이 받은 점수가 부당하다고 생각되거나 받아들이기 어려울 때는 교사에게 물어보면 대부분의 교사는 학생이 이해할 때까지 설명을 해 줍니다. 만약 학생의 이의 제기가 정당하다고 판단하면 점수를 바꿔 주기도 합니다. 모든 평가는 절대평가이기 때문에 점수가 정당한 과정을 거쳐서 변경되었다고 해도 같은 반 친구들의 점수에는 영향을 끼치지 않습니다.

교과서가 없고
깊이 있는 수업을 하는 영국

영국 학교 수업의 가장 큰 특징은 교과서가 없다는 것입니다. 영국 정부에서는 교육 과정에 맞춰 학업 가이드라인을 제시할 뿐 구체적인 학업 지도는 각 학교의 재량에 맡깁니다. 영국의 초등 과정에서는 영어, 수학, 역사, 지리, 과학, 외국어(라틴어, 프랑스어, 독일어 등), 컴퓨터, 미술, 음악, 체육 등 10개 과목 이상을 공부합니다.

다소 많은 과목들을 공부하는 것 같지만 사실 아이들에게는 과목별이 아닌 주제별 수업이 진행됩니다. 예를 들어 공룡이라는 주제를 배우는 시간이면 과학시간에는 공룡이 살았던 시대의 생태를 배우고 미술시간에는 다양한 공룡을 그리는 식입니다. 중학교부터는 최소 5개 과목에서 10개 과목까지 선택해서 공부하고, 고등학교에서는 3~4개의 과목을 심도 있게 공부합니다. 이 역시 정해진 교과서는 없고 학교의 재량으로 교재를 제공합니다.

영국 교육의 가장 큰 특징은 학생 개개인의 수준에 맞는 맞춤형 교육을 한다는 점입니다. 같은 학년이라고 해도 필수 과목인 영어, 수학, 과학을 제외하고는 배우는 과목이 전혀 다르고 같은 과목을 배운다 해도 학습 역량에 따라 진도가 다릅니다. 이렇게 교사의 재량으로 수업을 해야 하는 특성 때문인지 영국에는 학생의 출결 및 행정적인 업무를 담당하는 교사가 별도로 있습니다.

영국 학교 성적표의 예

과목	목표 점수	여름학기												
		4월			5월			6월			시험결과	
		현재 점수	노력 점수	진행 상태	현재 점수	노력 점수	진행 상태	현재 점수	노력 점수	진행 상태	성적	점수
생물	B	C	2		D	2		C	2		48	D
화학	B	B	1		B	1		A	1		63	B
수학	A*	A	1		B	1		A	1		81	A*
심화 수학	A*	A*	1		A	1		A	1		75	A

- **목표 점수**
  학생을 동기부여하기 위한 점수로 학생의 과거 및 현재 성적에 바탕해 명확한 목표를 제시한다. 목표는 상반기 말에 설정되며 학기 중 학생의 상황에 따라 목표는 더 높이 올라갈 수 있다.

- **현재 점수**
  매 학기 중간마다 선생님이 학생의 성적을 가장 잘 반영하는 상태를 알려 준다. 또 현재의 학업 성취 점수를 목표 점수와 연관시켜 색상으로 표시한다.

   목표 점수를 초과할 수 있는 상태
  목표 점수를 충족시킬 수 있는 상태
  목표 점수를 충족시키기에 부족한 상태

- **노력 점수**
  매 학기 중간마다 선생님이 학생이 얼마나 노력을 하고 있는지 점수를 매긴다. 1점은 학생이 기준을 충족하고 있다는 것을 의미하고 2점은 기준의 대부분을 충족하고 있다는 것을 나타낸다. 3점은 부분적으로만 충족하고 있다는 것을 나타낸다.

앞의 표는 제가 컨설팅한 학생이 영국 학교에서 받은 성적표입니다. 학교마다 성적표의 형태는 다양하지만 공통적으로 들어가는 것은 과목별 현재 성적과 노력 점수입니다. 학생의 학업적인 역량뿐 아니라 학습 태도 역시 평가의 항목이 됩니다.

하지만 입시에는 아무런 영향을 끼치지 않는 성적표입니다. 말그대로 학생의 현재 학업 역량을 알기 위한 평가인 것이지요. 그럴수 있는 이유는 영국의 중등 과정인 GCSE와 고등 과정인 에이레벨 시험은 각 학교별로 보는 것이 아니라 마치 국가고시처럼 과목별로 치러지기 때문입니다.

우리나라 시험 방식에 익숙한 부모들은 걱정이 앞설 수 있습니다. GCSE 시험 문제 중 하나를 예로 들어 보겠습니다.

영국 GCSE 시험 문제의 예

1 Describe two features of the presence of the royal family in London during the Second World War(2차 세계 대전 동안 런던의 왕족에 존재했던 두 가지 특징을 설명하시오).

2 Explain one benefit to a small business from having a unique selling point(고유한 세일즈 포인트를 보유함으로써 작은 기업이 얻을 수 있는 한 가지 이점을 설명하시오).

첫 번째 문제는 GCSE 과정 역사 과목에서 나온 것으로 2차 세계 대전에 대해 배웠다면 충분히 설명할 수 있는 문제입니다. 두 번째 문제는 GCSE 경제 과목에서 나온 것으로 경영학에 대한 전반적인 이해가 있을 때 설명할 수 있는 문제입니다.

특징이라면 단순하게 암기해서 풀 수 있는 문제가 아닌 필수적으로 배워야 하는 개념을 제대로 이해하고 있는지 묻는다는 것입니다. 이해한 것을 바탕으로 자신의 생각을 논리적으로 서술했을 때 좋은 점수를 받을 수 있습니다. 때문에 지금까지 영국의 교육이 지켜지고 있는 것이 아닐까 싶습니다.

상향 평준화된 공교육,
교육의 평등을 추구하는 캐나다

캐나다는 상향 평준화된 공교육, 안전한 환경, 유연한 비자 규정뿐 아니라 합리적인 비용까지 많은 장점이 있어 조기유학 국가로 인기가 많습니다. 캐나다는 국내 총생산의 약 7%를 교육에 투자하고 있는데 이것은 경제협력개발기구(OECD) 회원국 가운데 높은 편에 속합니다. 그 덕분인지 어느 지역에서든 수준 높은 교육을 받을 수 있어 안심하고 아이를 보낼 수 있습니다.

캐나다의 교육 제도

기본적으로 9월과 1~2월이 시작인 2학기제입니다. 사립학교의 경우 학교 자체적으로 학기를 운영할 수 있어 2학기제가 아닌 9월, 1월, 4월 학기로 운영되는 3학기제 또는 9월, 11월, 1월, 4월, 6월 등으로 쪼개어 공부하는 쿼터제(수나 양을 할당하는 제도)를 도입하기도 합니다. 최근 코로나 팬데믹으로 학교들마다 학기를 더 나눈 쿼터제를 도입하기도 했습니다.

공립학교를 기준으로 1년에 총 8개 과목을 공부합니다. 이때 과목을 이수하는 방식은 전년제와 학기제가 있습니다. **전년제**(Linear)의 경우 8개 과목을 1~2학기에 나눠 학습하고, **학기제**(Semester)의 경우 1학기에 4개 과목, 2학기에 4개 과목을 학습합니다. 따라서 2학기인 1월이나 2월에 입학할 때는 학교가 어떤 시스템을 채택하고 있는지 확인을 해야 수업을 따라갈 수 있습니다.

캐나다의 학제는 12년제로 기본 형태는 우리나라와 같습니다. 하지만 캐나다는 주에 따라 조금씩 다른 교육 제도를 가지고 있습니다. 밴쿠버가 속한 브리티시컬럼비아주에서는 1~7학년을 초등 과정으로, 8~12학년을 중고등 과정으로 분류합니다. 반면 토론토가 속해 있는 온타리오주는 1~8학년을 초등 과정으로, 9~12학년을 중고등 과정으로 분류합니다.

캐나다의 교육 제도는 연방정부가 아닌 주정부에서 관할하기 때문에 필수 이수 과목 및 봉사활동 등의 고등학교 졸업 요건은 각기 다르며, 이에 따라 각 주에 속한 대학교의 입시 제도도 다릅니다.

캐나다의 주별 학제표

구분 / 나이(만)	6	7	8	9	10	11	12	13	14	15	16	17	18	19	20	21
주 / 학년	1	2	3	4	5	6	7	8	9	10	11	12				
브리티시 컬럼비아	초등학교							중고등학교					대학교			
온타리오 마니토바	초등학교							중고등학교					대학교			
퀘벡	초등학교						1	2	3	4	5	2년제 대학	대학교			
(퀘벡 중고등학교)							중고등학교									
사스캐쳐원	1			2			3			4			대학교			
(사스캐쳐원)	초등학교						중고등학교									
앨버타, 뉴브런스윅, 프린스 에드워드 아일랜드	초등학교						중학교			고등학교			대학교			
(중고등학교)							중고등학교									
노바스코샤	초등학교						중학교			고등학교			대학교			
(중고등학교)							중고등학교									

캐나다의 초등 과정

만 4~5세가 된 대부분의 캐나다 아이들은 유치원이나 초등학교 부설 예비 학교를 다닙니다. 의무 교육의 시작인 만 6세가 되는 해 9월에 초등학교 1학년으로 입학합니다. 놀이 중심이었던 유치원 과정을 지나 문자와 숫자 교육이 시작되지만 여전히 학습보다는 인성 및 예술 교육을 더 많이 합니다. 담임 선생님 한 명이 초등학교에서 배우는 과목을 모두 가르치는 시스템은 우리나라와 동일합니다. 캐나다는 영어와 함께 프랑스어도 공용으로 사용하는 국가로 특히 동부 지역의 경우 초등학교 때부터 프랑스어를 선택 과목으로 지도하는 공립학교들이 많습니다.

캐나다의 중고등 과정

캐나다의 중고등학교는 주에 따라 학년을 다르게 나누지만 7~8학년을 중등 과정으로, 9~12학년을 고등 과정으로 볼 수 있습니다. 중고등 과정부터는 학생이 과목에 맞는 교실을 찾아다니면서 수업을 듣고 본격적으로 자신의 적성을 찾을 수 있도록 지도합니다.

캐나다는 고교학점제가 도입되고 있는 국가로 고등학교를 졸업하려면 필수적으로 요구되는 학점을 모두 이수해야 합니다. 필수 과목은 각 주마다 다르지만 대개 영어, 수학, 사회, 과학 등 우리나라에서 쉽게 접할 수 있는 과목들입니다. 각 학교마다 제공하는 선택 과목이 다르며 디자인, 마케팅, 자동차 정비, 금속 공예, 엔지니어링, 리더십, 요리 등으로 다양한 편입니다. 희망하는 대학 및 전공, 직업 훈련 등 본인이 계획하는 커리어에 맞춰 과목을 선택해 수강해야 합니다.

캐나다의 대학 입시

캐나다 대학은 입시를 위한 시험이 별도로 없으며, 오로지 고등학교 내신 성적만으로 입학이 결정됩니다. 대학교마다 차이는 있지만 대부분 12학년의 내신 성적이 가장 많이 반영되며, 학교에 따라 10~11학년의 내신을 요구하기도 합니다. 학교에서 받는 내신 성적에는 시험 성적뿐 아니라 평소 학습 태도가 함께 반영됩니다. 좋은 점수를 받기 위해서는 시험은 물론 쪽지 시험과 퀴즈도 잘 봐야 하고 과제 제출도 신경 써야 합니다.

캐나다는 4년제 대학뿐 아니라 2년제 전문대학으로 입학하는 유학생들도 많은 편입니다. 2~3년 공부 후에 바로 취업을 희망하거나 영주권에 도전하려는 유학생들이 자주 선택합니다. 전문대학도 고등학교 내신으로 입학이 가능하며 4년제 대학교보다는 입학이 훨씬 수월한 편입니다.

캐나다의 학교 형태

① **공립학교**: 캐나다 현지 학생들은 만 6세부터 공립학교 1학년으로 입학해 무상으로 공부합니다. 학비를 내면 유학생의 입학도 허가하고 있습니다. 수준 높은 교육을 받을 수 있음에도 불구하고 입학 절차가 간단하고 비용이 합리적이어서 캐나다로 조기유학을 가는 아이들의 절반 이상은 공립학교로의 진학을 희망합니다.

공립학교는 도시별 교육청에서 각각 관할하며, 도시의 규모에 따라 10여 개에서 많게는 200여 개까지 하나의 교육청이 관할하는 학교의 수도 다릅니다. 교육청은 학교별로 국제학생의 비율을 정해 두고 입학을 허가하며, 대부분 전교생의 10~12% 비율로 유학생이 입학할 수 있습니다. 특정 지역에서는 영어 교육청뿐 아니라 프랑스어 교육청이 있습니다. 이는 프랑스어로 모든 수업을 진행하고 영어를 외국어로 학습하기 때문입니다. 가톨릭 교육청도 공립 교육청입니다. 특정 종교를 강요하진 않지만, 유학생은 세례증을 필수로 제출해야 하는 경우가 많습니다.

② **사립학교**: 현지 아이들도 학비를 납부하고 다니는 학교를 말합니다. 사립학교가 공립학교보다 무조건적으로 좋은 것은 아닙니다. 사립학교의 종류는 현지 아이들도 입학 시험을 혹독하게 치러야 하는 명문 기숙학교부터 종교적인 철학을 함께 가르치는 종교계 학교, 유학생들을 대상으로 하는 국제학교로 나눌 수 있습

니다.

ⓐ **명문 기숙학교**: 주로 캐나다 동부 지역에 있으며 학교에서 요구하는 입학 조건을 갖춘 후에 입학 시험과 인터뷰를 통과해야 입학할 수 있습니다. 유학생들은 주로 9~10학년의 고등 과정으로 진학합니다. 우수하고 안전한 교육 환경은 물론 인맥을 쌓기 위한 목적으로도 선택하는 학교입니다.

ⓑ **종교계 학교**: 기독교나 가톨릭의 종교적인 이념을 바탕으로 운영하는 사립학교로 가톨릭 교육청 소속의 공립학교와는 다릅니다. 현지 아이들이 가족의 종교에 따라서 선택하는 학교로 유학생들의 입학이 그리 활발한 유형은 아닙니다. 유학생들의 입학 절차에 익숙하지 않을뿐더러 부모가 직접 지원 절차를 진행하거나 추천을 받아야 하는 학교들이 더러 있는 편입니다.

ⓒ **국제학교**: 국제학생들을 대상으로 하는 학교입니다. 주로 대학 진학을 목표로 하는 유학생들을 대상으로 하기 때문에 고등학교 과정을 제공하는 학교들이 대부분이며 간혹 중학교 과정을 함께 제공하기도 합니다. 캐나다 현지 학생들과 어울릴 수 없다는 단점이 있기는 하지만 아이가 영어가 부족하거나, 공립학교로 진학하기에는 높은 학년(고2 이상)인 경우 국제학교로 입학해 공부하는 것을 추천합니다.

캐나다 조기유학 시
꼭 알아 두어야 할 것

캐나다는 다양한 형태의 학교가 있고 주별로 학제의 차이가 있습니다. 또한 공립학교부터 사립학교까지 입학이 가능해 다양한 선택지가 있는 국가입니다. 그만큼 조기유학 계획을 세울 때 반드시 우리 아이에게 맞는 학교와 방법이 어떤 것인지 체크해야 합니다.

Q 입학은 언제 할 수 있나요?

캐나다의 1학기는 9월에 시작해 12월 말에 끝나고, 2학기는 1~2월에 시작해 6월에 끝납니다. 따라서 입학은 1학기인 9월이나 2학기인 1~2월에 할 수 있습니다. 출생년도를 기준으로 만 6세가 되는 해에 1학년이 시작됩니다. 초등학교 과정에서는 아이들의 나이에 따라 학습 및 자조 능력에 차이가 있다고 생각해 입학 학년을 낮추거나 올리는 것을 허용하지 않습니다. 고등학교의 경우에는 출생년도와 함께 우리나라에서 몇 학년까지 이수했는지를 확인해 한 학년을 낮추기도 합니다.

Q 캐나다 공립학교는 어떻게 입학하나요?

캐나다 공립학교는 교육청으로 입학 지원을 하고 학교를 배정받는 시스템입니다. 지원 시에 우선순위 학교를 3개까지 작성할 수 있지만, 학교별로 유학생의 비율을 정해 두고 있기 때문에 희망 학교로의 배정이 보장되는 것은 아닙니다. 주요 지역의 입학 정원은 9월 학기일 경우 같은 해 2~3월이면 모두 마감됩니다. 따라서 유학을 준비하는 시기가 7~8월이라면 그다음 해인 1월 학기로 지원해야 합니다.

Q 크레딧 스쿨은 어떤 곳인가요?

크레딧 스쿨은 캐나다 고등학교 졸업을 위해 이수해야 하는 학점(credit)을 빠르고 쉽게 이수할 수 있도록 해 주는 사립학교에서 시작되었습니다. 국제학생들을 대상으로 학점과 대학 입시를 도와주는 카운슬러가 상주하고 있어 학점 관리가 유리할 뿐 아니라 대학 합격 결과도 좋은 편입니다. 다만 현지의 문화나 다양한 체험활동 등을 하고 싶은 학생에게는 맞지 않을 수 있습니다.

Q 비자는 어떻게 발급받나요?

유학생들은 모두 **유학허가증**(Study Permit)이라고 불리는 학생비자를 발급받아야 합니다. 비자를 심사하는 기관은 우리나라에 있지 않기 때문에 모든 비자 진행 과정은 온라인으로 합니다. 다만 온라인으로 접수한 서류와 여권은 비자 센터를 통해 제출해야 하며, 생체인식 절차(지문 및 사진)로 본인 확인을 해야 합니다. 이때 미성년자인 아이는 보호자가 동반해야 하며 서류 심사나 인터뷰 등은 전혀 없습니다. 만 14세 이하의 아이는 비자 센터를 방문하지 않고 온라인만으로 심사를 진행합니다.

☑ 필수 서류

☐ 온라인 비자 신청서

☐ 결핵 검사 결과지(지정 병원)

☐ 여권 및 여권 사본, 여권용 사진

☐ 진학하는 학교에서 발급해 주는 입학 허가서(LOA:Letter Of Acceptance)

☐ 기본증명서 및 가족관계증명서

☐ 가디언 지정 동의서 및 수락 동의서(17세 이하는 공증 필수)

☐ 재정 증빙 서류

Q 커스터디언은 무엇인가요?

커스터디언(Custodian)은 가디언과 동일한 의미로 쓰입니다. 캐나다 현지에서 미성년자 유학생의 안전 및 건강, 학습을 살펴 주고 위급 시 보호자 역할을 해 주는 사람을 의미합니다. 이민법에 따라 캐나다 시민권자 또는 19세 이상의 캐나다 영주권자여야 하며, 학생의 거주지와 학교로부터 적당한 거리 내에 거주해야 합니다.

캐나다 학생비자 신청 시에는 반드시 가디언 지정서와 수락서를 제출해야 합니다. 캐나다 이민성에서 규정하고 있는 서류를 작성 및 서명한 후에 우리나라와 캐나다에서 각각 공증을 받아 제출해야 할 만큼 매우 꼼꼼하게 확인하는 절차입니다. 일부 학교는 부모가 캐나다에서 함께 거주할 계획이어도 가디언 서류를 요청하기도 합니다.

Q 엄마가 함께 갈 수 있나요?

캐나다는 부모가 함께 유학을 갈 수 있는 덕분에 더 인기가 많은 국가입니다. 부모가 함께 유학을 가는 방법은 크게 두 가지로 나눌 수가 있습니다. 첫째, 아이가 유학생이 되고 엄마가 보호자로 출국하는 방법입니다. 둘째, 엄마가 유학생이 되고 아이가 공립학교에서 무상으로 교육을 받는 방법입니다.

첫 번째의 경우 아이가 만 18세가 될 때까지 엄마는 계속해서 보호자로 체류할 수 있으며, 아이의 상황에 맞춰 지역 및 학교를 선택할 수 있습니다. 두 번째의 경우는 아이가 유학생처럼 공부할 수 있기는 하지만 실제로는 무상으로 공립학교 진학이 가능한 지역을 찾아야 하는 번거로움이 있습니다. 대부분의 지역은 엄마가 2년제 전문대학교 이상에 입학했을 때 거주지를 근거로 아이가 공립학교에 진학할 수 있습니다.

다만 무상 입학은 아이의 입학 자리가 확보된 것이 아닌 현지에서 등록을 하는 것이므로 실제 갔을 때 거주지 근처의 학교에 자리가 없을 수도 있습니다. 전문대학교의 학비가 아이의 공립학교 학비보다 높기 때문에 두 번째 방법의 경우에는 최소한 아이가 두 명 이상일 때나 엄마가 자신의 커리어를 위해 대학에 진학할 때 활용할 수 있는 방법입니다.

07 | 국가별 학교 형태와 예상 비용

각 국가의 교육 제도보다 더 중요한 것이 있습니다. 우리 아이가 어떤 학교에 갈 수 있는지, 조기유학생으로서 선택할 수 있는 프로그램은 무엇이 있는지입니다. 교육 제도가 큰 틀이라면 그 틀 안에서 아이가 선택할 수 있는 세부적인 사항은 다르기 때문입니다. 이 형태에 따라 예상해야 하는 유학비도 차이가 큽니다. 따라서 아이를 위해 선택할 수 있는 국가별 프로그램을 비교해 보고 결정하는 것이 매우 중요합니다.

국가마다 세부적으로는 차이는 있지만 기본적으로 학교의 형태는 국가 또는 주정부 산하에서 관리되는 공립학교와 개인 또는 기관에서 운영하는 사립학교로 나눌 수 있습니다. 여기서 사립학교는 통학학교로 입학해 현지인의 가정집에서 지내는 홈스테이(이른바 하숙의 개념) 프로그램, 기숙사가 갖춰진 기숙학교로 다시 나눌 수 있습니다. 혹은 학생의 구성이 국제학생만으로 이루어져 있다면 국제학교로 분류하기도 합니다. 유학생들을 위해 방과후 영어나 과목 보충 수업 및 주말활동이 있는 관리형 유학 프로그램도 있습니다.

미국의 학교
형태와 예상 경비

미국은 기본적으로 유학생들의 공립학교 입학을 허용하지 않아 사립학교로 입학해야 합니다. 사립학교는 무상으로 교육을 받을 수 있는 현지 아이들도 학비를 납부하고 다니는 학교입니다. 그만큼 학습 분위기를 유지하고 관리하고 싶어 하기 때문에 사립학교 입학 시에는 우리나라의 내신 성적과 영어 시험 점수 혹은 인터뷰를 요구합니다.

미국의 사립학교가 이런 절차를 진행하는 이유는 아주 우수한 학생만 입학을 허가하겠다는 의미보다 성실하게 학교생활을 하는 아이들을 만나고 싶다는 의미입니다. 영어가 부족할 경우 학교는 ESL 보충 수업으로 채워 주고 적응을 어려워하면 카운슬러를 만나게 해 줄 수 있습니다. 하지만 그렇게 해 줄 만큼 학생이 성실하게 노력하는지를 파악하고 싶은 것이지요.

공립학교로 국제학생의 진학이 가능한 경우는 두 가지가 있습니다. 첫째, 교환학생 프로그램으로 입학하는 경우입니다. 만 14~17세의 학생이 단 한 차례 1년 동안만 공부할 수 있는 프로그램입니다. 교환학생은 학업의 목적보다 문화 교류의 목적으로 입국하기에 비자 역시 학생비자(F)가 아닌 문화 교류 비자(J)로 신청해 출국합니다. 둘째, 부모가 학업하면서 아이가 동반하는 경우입니다. 그러나 이 경우에는 부모가 학생비자를 받아 출국하는 것이기 때문에 조기유학의 범주로 보기엔 어렵습니다.

미국은 유학생인 아이의 보호자 자격으로 엄마가 체류할 수 있는 비자 유형이 없어 아이들은 모두 혼자 유학을 떠납니다. 또한 홈스테이나 기숙사의 경우 최소 초등 고학년 이상 들어갈 수 있으며, 스스로 생활해야 하기 때문에 대부분 중학생 이상의 조기유학생들이 많습니다.

미국에서 사립학교로 진학할 때 선택할 수 있는 형태는 통학학교와 홈스테이의 조합, 통학학교와 사설 기숙사의 조합, 기숙학교가 있습니다.

① **통학학교 + 홈스테이**: 가장 많은 조기유학생이 선택하는 형태로 통학학교로 입학하고, 근처의 현지인 가정의 홈스테이로 배정을 받는 것입니다. 통학학교는 일반 통학학교와 기독교나 가톨릭 등 종교색을 띄는 학교가 있습니다. 학교를 선택할 때는 유학생을 위

한 입학 절차를 진행해 주는 학교인지 꼭 확인해야 합니다. 영어 보충 수업, 국제학생 카운슬러, 홈스테이 배정 및 학부모 소통 등을 해 주는 학교로 진학해야 추후 아이가 현지 학교생활에 적응하기 수월합니다.

학교의 규모와 지역 등에 따라 차이가 크지만 평균적으로 학비, 홈스테이비, 용돈 등을 포함해 1년에 최소 4,000~6,000만 원 정도의 유학 경비를 예상해야 합니다.

② **통학학교 + 사설 기숙사:** 아이가 통학학교 근처에 국제학생들을 위해 마련된 사설 기숙사로 입학하는 형태입니다. 흔히 우리가 알고 있는 **관리형 유학**에 해당되는 경우가 많습니다. 기숙사에서 지내며 안전하게 관리받는 것은 물론 방과후에 영어 및 추가 과목에 대한 공부, 대학 입시에 필요한 내신 및 SAT, 토플 등의 교육 컨설팅을 모두 진행해 주기 때문입니다. 주말에도 봉사활동 및 다양한 활동을 하고 짧은 방학에는 함께 여행을 떠나기도 합니다. 부모들은 아이가 학업하고 생활하는 모습을 레포트나 메신저 등을 통해 전달받으며 직접 소통할 수 있어 안심이 됩니다.

학비, 기숙사비, 방과후 학업 및 생활 관리비, 용돈 등을 포함해 1년에 최소 7,000만~1억 원 정도로 미국의 조기유학 형태 중 가장 높은 유학 경비를 예상해야 합니다.

③ **기숙학교:** 기숙사 시설을 갖추고 있는 학교에 입학하는 형태입니다. 어린 학년일 때부터 입학할 수 있는 명문 학교들이 대부분

여기에 속합니다. 다만 명문 기숙학교는 현지 아이들도 오랜 시간을 준비해 높은 경쟁률을 뚫어야 입학할 수 있기 때문에 유학생들이 입학하는 경우는 매우 드뭅니다. 반드시 명문 기숙학교가 아니어도 좋은 커리큘럼으로 학생들을 잘 관리하며 높은 대학 진학률을 보유하고 있는 기숙학교들이 많이 있습니다. 또 현지 아이들을 위한 기숙사와 국제학생들을 위한 기숙사를 따로 보유하고 있는 학교들도 있습니다.

학교별로 편차가 크지만 학비와 기숙사비 및 용돈 등을 포함해 1년에 최소 5,000~8,000만 원이 평균 유학 경비입니다.

영국의 학교
형태와 예상 경비

영국 역시 공립학교로는 유학생들의 입학을 허가하고 있지 않으며, 사립학교로만 입학이 가능합니다. 아이가 공립학교로 입학할 수 있는 경우는 부모 중 한 명이 석사 이상의 학업을 해서 동반비자로 입국해 무상으로 등록할 때입니다. 그 외는 모두 사립학교로 진학합니다.

영국 사립학교의 유형은 기숙사 여부에 따라서 통학학교와 기숙학교로 나눌 수 있으며, 재학생들의 국적에 따라서는 일반학교와 국제학교로 나눌 수 있습니다.

영국은 유학생인 아이의 보호자 자격으로 엄마가 함께 체류할 수 있습니다. 다만 1년 단위로 부모비자를 재신청해야 하며, 아이가 만 11세까지만 가능해 그 이상의 나이가 되면 함께 머물 수 없습니다. 12세 이상의 아이(대개 11세부터)는 기숙학교로 입학하거나 영국의 친인척 집에서 머물며 학교를 다닙니다. 기숙학교가 아닌 영국의 친인척 집에서 머무는 경우 별도의 재정 및 신분 서류가 요구됩니다.

영국은 홈스테이를 배정해 주는 사립학교가 흔치 않습니다. 간혹 국제학교에서 옵션으로 가능하지만 그 역시 매우 제한적입니다. 영국의 이러한 규정과 상황을 자세히 들여다보면 결국 유학생들은 기숙학교로 입학을 권장하는 듯합니다. 실제로 영국은 기숙학교가 오랜 전통과 역사에 걸맞는 시스템을 갖추고 있어 기숙학교로 보내기 위해 영국을 선택하는 부모들도 많습니다.

① **통학학교**: 아이가 통학학교로 진학하고 엄마가 함께 생활합니다. 만 5세부터 진학할 수 있으며 만 11세까지만 엄마가 함께 체류 가능합니다. 통학학교는 대개 국제학생에 대한 경험이 많지 않기 때문에 학생비자 발급이 가능한 학교인지 꼭 확인해야 합니다. 또한 부모가 참여해야 하는 행사나 진학 상담 등이 있으므로 엄마가 어느 정도 영어로 의사소통이 가능하고 현지에서의 생활 경험이 있어야 유학이 수월합니다.

학비는 대략 2,500~3,500만 원 정도이나 엄마가 함께 생활하기 때문에 주거 렌트비, 생활비, 차량 구입 및 유지비, 전기세 등이 발생합니다. 가장 많은 부분을 차지하는 주거 렌트비는 지역과 주거 여건에 따라 편차가 크지만 평균적으로 한 달에 약 250~350만 원을 예상해야 합니다. 합하면 1년 유학 경비는 대략 9,000만~1억 원으로 꽤 높은 편입니다.

② 기숙학교: 가장 많은 조기유학생들이 영국에서 선택하는 학교 형태입니다. 기숙학교는 만 11세인 7학년부터 시작하는 학교가 많으며 간혹 중고등학교에 해당하는 9학년부터 유학생의 입학이 가능한 학교도 있습니다. 영국의 기숙학교는 유학생들의 비율이 낮은 편이고 현지 학생과 국제학생의 학비에도 큰 차이가 없습니다.

국제학생을 위해 **EFL**(English as a Foreign Language) 추가 수업을 제공해 주기는 하지만, 기본적인 입학 시험과 인터뷰는 모두 필수로 봐야 합니다. 학년이 높아질수록 요구되는 수준도 높아지며 고등학교 학년의 경우 영어, 수학 외에 자신이 공부할 과목의 시험을 보기도 합니다.

학비와 기숙사 비용은 평균 8,000만 원 정도이며 기숙학교의 특성상 악기나 운동의 1대1 레슨비와 중간 방학 중에 기숙사를 나와 홈스테이에서 체류하는 비용과 용돈을 포함하면 1년 유학 경비는 1억 원 이상을 고려해야 합니다.

③ 국제학교: 기숙학교 중에서 국제학생이 100% 혹은 50% 이상인

학교는 국제학교로 분류할 수 있습니다. 대학 입시 위주의 수업으로 고등학년 과정을 주로 제공하기 때문에 식스폼 칼리지 혹은 튜토리얼 칼리지라는 명칭으로 불리기도 합니다. 대학 입시에 영향을 주는 봉사활동이나 경연대회 등의 활동은 제공되지만 악기나 운동 등의 수업과 문화 활동은 제공되지 않습니다.

학비와 기숙사 비용은 7,000~8,000만 원이며 국제학생을 배려해 짧은 방학 기간에는 기숙사에서 지낼 수 있는 경우가 많습니다. 학비와 기숙사비에 용돈을 포함한 1년 유학 경비는 9,000만~1억 원을 예상해야 합니다.

캐나다의 학교
형태와 예상 경비

캐나다는 가장 다양한 형태의 조기유학이 있으며 형태별로 학비와 유학 경비도 달라집니다. 아이가 18세 이하의 유학생 신분을 유지하는 동안은 부모 중 한 명이 보호자로 함께 캐나다에 체류할 수 있습니다. 반대로 부모 중 한 명이 학생비자로 학업을 하는 동안에도 아이가 무상으로 공립학교에 등록할 수 있습니다. 부모의 교육 과정이나 시기에 따라 차이가 있으니 이 경우에는 매우 자세하게 해당 교육청에 확인해야 합니다. 캐나다 학교는 공립학교와 사립학교로 나뉘며 사립학교에서 유학생들이 주로 진학하는 학교는 국제학교와 기숙학교가 있습니다.

① **공립학교**: 캐나다 조기유학에서 가장 일반적으로 선택하는 형태입니다. 공립학교는 정해진 비율만큼 국제학생의 입학을 허가하기 때문에 인기가 많은 지역의 9월 신학기 입학은 대략 같은 해 2~3월이면 마감이 됩니다.

공립학교로 진학하는 경우에는 교육청에서 배정해 주는 홈스테이에서 지내는 것이 가장 일반적이며, 연간 학비는 대략 1,500만 원이며 홈스테이 비용은 대략 1,000~1,200만 원 정도입니다. 하지만 조기유학생의 경우 기본적인 유학 경비 외에 가디언(커스터디언), 방과후 튜터 프로그램 등을 이용하므로 800~2,000만 원 이상까지 비용이 추가됩니다. 따라서 총 유학 경비는 연간 3,000~5,000만 원 정도를 예상해야 합니다.

② **국제학교**: 국제학생을 대상으로 하는 국제학교는 사실상 대학 진학을 위해 설립된 학교가 대부분입니다. 유학생도 캐나다 공립학교로의 진학이 자유롭고 교육 환경도 좋으니 굳이 어린 학년일 때는 국제학교로 조기유학을 갈 이유가 없습니다. 하지만 대학교 입시에 연관이 있는 10학년 이상이라면 좋은 결과를 내기 위해서 ESL을 듣고 성적 관리를 받는 것이 중요합니다. 또한 공립학교에서는 영어가 부족한 경우 정규 과목 제대로 이수하지 못해 제 나이에 졸업을 하지 못할 수도 있습니다. 이런 불상사를 막기 위해 국

제학교로 진학하는 아이들이 꽤 많은 편입니다.

국제학교는 일반적으로 학교와 연결된 홈스테이를 배정해 주며 간혹 외부 기숙사 옵션이 있기도 합니다. 연간 동일한 학비가 모든 학생에게 책정되는 공립학교와 달리 학생이 이수하는 학점에 따라 학비가 계산되기 때문에 학생마다 학비의 차이가 있습니다. 평균적으로 국제학교의 학생들은 공립학교의 8개 과목보다 많은 11~12개 과목을 1년에 공부합니다.

학비는 대략 1,800~2,000만 원 수준이며 홈스테이와 카운슬링 비용, 용돈 등을 합친 1년 경비는 4,000~5,000만 원 정도입니다.

만약 홈스테이가 아닌 엄마가 동반한다면 홈스테이 비용 대신 주거 렌트비가 듭니다. 대개 우리나라의 아파트 형태인 콘도에 거주하는 경우가 많습니다. 렌트비는 지역에 따라 편차가 크지만 밴쿠버, 토론토를 중심 한 지역은 한 달에 대략 200~250만 원 정도로 예상해야 합니다. 일명 학군이 좋은 부유한 지역은 300만 원 이상으로 올라가기도 합니다. 따라서 학비와 생활비, 그 외 비용 등을 감안해 1년에 최소 6,000~8,000만 원 정도를 예상해야 합니다.

③ **기숙학교**: 캐나다의 기숙학교는 현지 아이들이 우수한 교육을 누리고 기숙사 생활을 하기 위해 입학하는 학교입니다. 국제학생들의 입학도 허가하고 있으나 현실적으로 유학생들이 선호하지는 않습니다. 이는 캐나다 기숙학교의 문제점이라기 보다 캐나다 공립학교가 우수한 교육을 합리적인 비용으로 유학생들에게 제공하

기 때문입니다.

캐나다 기숙학교의 비용은 대략 1년에 6,000~8,000만 원입니다. 이 정도 비용이면 공립학교에 진학해 아이에게 맞춤형 컨설팅, 1대1 교습, 다양한 예체능 경험 및 밀착 관리를 해 주는 이른바 관리형 유학 프로그램을 이용할 수 있습니다. 혹은 미국 대학 진학에 조금 더 경쟁력이 있는 미국 사립학교로도 충분히 진학이 가능합니다. 그럼에도 불구하고 캐나다의 안전하고 온화한 환경과 체계적인 교육 시스템을 선호하는 유학생들에게는 캐나다 기숙학교를 추천합니다.

캐나다는 앞서 설명한 대로 부모 중 한 명이 학생비자를 받고 체류할 때 가족이 함께 동반으로 입국 가능하며, 아이들은 공립학교에서 무상으로 공부할 수 있습니다. 아이가 두 명 이상일 때는 비용 면에서 유리한 것이 사실입니다. 그래서인지 캐나다 동반 유학을 고려하시는 분들의 문의가 많습니다.

교육청 관할 지역마다 차이가 있지만 대부분의 교육청은 부모 중 한 명이 전문대학 이상에 진학하는 경우라면 아이들을 무상으로 공립학교에 등록시켜 줍니다. 이때 아이들은 현지 거주지에 따라 학교를 배정받기 때문에 학교를 선택할 수 없습니다. 또한 교육청의 재량으로 등록을 거부할 수도 있다는 점도 꼭 유의해야 합니다. 비용을 낮추는 것도 좋지만 부모가 외국에서 공부하면서 아이들을 잘 보살필 수 있는지도 반드시 고민해 봐야 합니다.

지금까지 국가별 조기유학의 형태와 비용을 알아봤습니다. 유학 비용이 높다고 무조건 좋고 유학 비용이 낮다고 어딘가 부족한 것은 아닙니다. 조기유학은 단기로 끝나지 않기에 중간에 계획이 틀어지는 것이 가장 좋지 않습니다. 아이가 감당해야 하는 기회 비용이 크기 때문입니다. 그러니 부모의 욕심보다는 현실적인 시각에서 아이에게 가장 좋은 방향을 선택해야 합니다.

이런 아이에게
이런 학교를 추천합니다

부모마다 조기유학을 고려하는 이유가 다르고 아이의 성향이나 상황도 다릅니다. 그렇기 때문에 모두에게 좋고 알맞은 학교는 없습니다. 어떤 아이에게 장점인 제도와 형태가 다른 아이게는 단점이 되기도 합니다. 다양한 상황들 중에 제가 자주 접하는 사례를 통해 국가와 학교를 선택하는 요령에 대한 팁을 드리고자 합니다.

어렸을 때 영어를 떼게 하려고요

"아이가 영어에 흥미를 느끼고 좋아하는 편인 거 같아요. 영어는 어차피 잘하면 좋으니까, 이왕 배울 거 좀 확실하게 배웠으면 해요. 초등학교 때 영어를 떼고 돌아오면 좋겠어요. 그렇다고 아이를 외국에서 쭉 공부를 시킬 생각은 없고요."

요즘 부쩍 늘어난 문의 유형 중에 하나입니다. 아이가 영어를 잘하기를 바라는 부모의 마음은 다 똑같습니다. 부모는 꼬박 10년을 넘게 영어 공부를 해도 잘하기는커녕 계속해서 발목을 잡히는 상황을 맞닥뜨리며 살아왔습니다. 때문에 아이가 영어에 흥미를 보이면 좋은 기회를 만들어 주고 싶지요. 영어를 초등학교 때 완벽히 해 두면 중고등학교에 가서 시간과 비용이 절약된다는 말도 틀린 말은 아닙니다.

이런 경우라면 아이가 어리기 때문에 엄마가 함께 출국해야 합니다. 아이가 혼자 가는 것은 적어도 초등학교 5학년 이상일 때이며 평균적으로는 중학교 2학년 이상은 되어야 합니다. 기간은 영어를 능숙하게 익히기 위해서라면 2년 정도, 시간과 비용의 여유가 있다면 3년까지도 괜찮습니다. 그 이상이 된다면 아이가 우리나라에 돌아와 다시 적응하는 것이 어려울 수도 있으니 주의해야 합니다.

영어가 목적이며 엄마와 함께 지낼 수 있는 학교로는 캐나다 공립학교가 최적의 장소입니다. 비자도 1년 이후 1~2년의 연장을 자유롭게 할 수 있어 더욱 캐나다를 추천합니다. 캐나다 전체 공립학교의 시스템과 교육 수준에 큰 차이가 없기 때문에 지역은 정착해서 살기에 편한 곳으로 선정하면 됩니다.

스스로 공부하는 아이인데 입시에 지친 것 같아요

"아이가 스스로 과제도 공부도 곧잘 하는 편이에요. 초등학교 때는 발표도 잘하고 수업도 재미있어 했어요. 그런데 중학생이 되니까 계속 지루하고 재미없다고만 하네요. 머리도 좋은 편이고, 모범생이라는 말도 들어 봤으니 조금 욕심내서 좋은 대학을 보내야지 싶다가도 아이가 힘들어하니까 이게 다 무슨 소용인가 싶기도 해요. 학교활동에 참여도 잘하고 운동도 좋아하고 활발한데, 매일 학교와 학원을 반복해서 그런지 아이가 점점 지쳐 가는 듯해요. 이 상태로 고등학교에 보내려니 소위 말하는 SKY에 가기 위해 입시 생활을 견디는 게 맞는지 고민이 되네요."

초등학교 때까지는 모범생이거나 반에서 똑똑하다는 소리를 좀 들었는데, 중학교에 올라가서 다른 평가를 받는 아이들이 있습니다. 이런 아이들은 자유학기제가 끝나고 입시 레이스가 시작되려고 하는 중학교 2학년 이후에 많아집니다. 아이는 똑같은데 교육 정책에 맞물려 아이를 평가하는 시험 제도가 바뀌기 때문입니다. 특히 욕심이 있고 늘 잘한다는 칭찬을 받았던 아이라면 노력하기 보다 힘들면 포기해 버리기도 합니다. 못한다는 평가를 받느니 아예 안 하는 것을 선택하는 것이지요.

아이가 스스로 알아서 잘하는 성향에 다양한 활동을 좋아한다면 미국 사립학교를 추천합니다. 이런 아이는 홈스테이 생활도 잘 적응하며 주도적인 학습 환경에서 급격히 성장합니다. 당장 사립학교에서 영어로 학업하는 것이 부담되고 걱정될 수 있습니다. 하지만 미국의 사립학교는 저마다의 입학 시험 제도가 있어 따라가기 어려운 아이라고 판단되면 아예 입학을 허가하지 않습니다. 또한 국제학생을 위한 ESL 보충 수업은 물론, 카운슬러가 별도로 있어 아이를 정기적으로 만나고 연락해 부모에게 레포트를 보내 주는 사립학교도 많아 안심할 수 있습니다.

Tip **자기주도학습이 되는 아이인데 성향이 내성적인 편이라서 걱정이 돼요.**

아이가 자기 생활에 주도적이고 학업에 적극적이라는 것이 무조건 말이 많고 발랄한 성격을 뜻하는 것은 아닙니다. 조용하고 내향적일 수도 있지요. 자기의 주관이 뚜렷하고 자신이 해야 하는 일에는 최선을 다한다면 미국 사립학교에서도 잘 적응할 것입니다.

고1인데 이제 와서 유학을 가고 싶대요

"아이는 성실한 편이에요. 사고도 안 치고 학교 출석도 빠짐없이 하고 과제도 잘해요. 그런데 막상 시험을 보면 성적은 중간이네요. 그동안 선행을 시키지 않고 학교의 진도에 맞춰서 공부를 했거든요. 고등학교에 입학하니 수업을 따라가기 어렵다고 해요. 이제라도 과목별로 학원을 다녀 보자고 했더니 아이가 유학을 보내 달라고 하네요. 아이가 성실하기는 하지만 당장 대학 입학을 2년 정도 앞두고 유학을 보내자니 너무 늦은 거 아닌가 걱정이 돼요. 지금 유학을 보내면 대학까지 가야 하는 건데 가능할까요? 차라리 우리나라에서 고등학교를 마치고 외국에 있는 대학으로 보내는 게 나을까요?"

우리나라에서 이미 고등학교 과정을 시작했고 대학 입학까지 얼마 남지도 않았는데 이 시기에 유학을 가는 것이 늦지 않냐고 묻는 부모들이 많습니다. 그러나 유학에 늦은 시기란 없습니다.

물론 고등학교 때 유학을 가는데 아이가 바로 원어민만큼 영어가 되길 바란다면 그건 욕심이겠지요. 유학은 성인이 되어서도 가고 직장을 다니다가 혹은 더 늦은 나이에도 갑니다. 그러므로 아이의 인생에서 10대 후반은 절대 늦은 시기가 아닙니다. 특히 현지의 대학 입학을 희망한다면 우리나라에서 고등학교를 졸업하고 준비하는 것보다 현지의 고등 과정을 경험하는 것이 영어나 입시 제도에서 유리합니다. 다만 어린 학년일 때 보다 시간적인 여유가 없으므로 아이가 열심히 하고자 하는 준비가 되어 있어야 하며 국가 및 학교 선택 시 조금 더 세심하게 고려해야 합니다.

대학 입시를 앞두고 유학을 가고자 하는 아이에게는 캐나다 국제학교를 추천합니다. 캐나다는 대학 진학이 내신 성적만으로 가능한 국가입니다. 반면 미국은 대학 진학 시 10학년부터의 좋은 성적과 다양한 활동이 필요하고 SAT 또는 ACT 시험을 봐야 합니다. 영국은 고등 과정에서부터 공부하고자 하는 전공을 선택해야 합니다.

캐나다 국제학교는 국제학생을 위한 사립학교로 ESL 수업은 물론 홈스테이 혹은 외부 기숙사 중에서 선택이 가능하고 카운슬링 및 개별 수업 등 다양한 지원이 가능해 아이가 현지에 적응하는 시간과 에너지가 많이 절약됩니다.

반면 공립학교에서는 영어가 일정 수준이 될 때까지 ESL 수업을 이수해야 해서 졸업을 못하기도 합니다. 정규 과목은 1년에 단 8개 과목만 들을 수 있어 ESL 수업을 참여하는 만큼 정규 과목을 이수하지 못하기 때문입니다.

예를 들어 11학년인 아이가 영어 수준이 안 되어 정규 과목을 1학기 동안 듣지 못하고 2학기부터 듣기 시작했다고 가정해 봅시다. 이 아이는 2학기에 4개 과목만 이수가 가능합니다. 졸업을 위해 이수해야 하는 필수 과목이 아직 남았지만 19세 이상의 나이가 되면 그와 무관하게 공립학교에서는 공부할 수 없습니다. 학교를 졸업해야 하는데 졸업 학점을 채우지 못한 아이들은 크레딧 스쿨 등 다른 교육 기관으로 이동해 학점을 채우기도 합니다. 때론 이런 일을 방지하기 위해서 공립학교에서 미리 입학을 허가하지 않기도 합니다.

반면 국제학교는 자체적으로 학사 일정을 운영해서 ESL 수업에 참여하는 동안에도 정규 과목을 이수할 수 있습니다. 또 1년에 10~12개 과목까지 수업을 들을 수 있어 나이에 맞춰 졸업이 가능합니다. 혹 졸업이 늦어진다고 해도 졸업 나이 제한이 유연하기 때문에 학교를 옮기지 않고 그대로 공부하고 졸업할 수 있는 장점이 있습니다.

Tip 캐나다 토론토에 국제학교가 더 많은 이유는 무엇인가요?

캐나다 대학 중 상위 대학인 토론토, 워터루, 맥길, 맥마스터, 요크 대학교 등은 모두 토론토가 속한 온타리오주에 있습니다. 온타리오주의 고등학교를 졸업하고 같은 주의 대학으로 입학하면, 12학년의 6개 과목(상위 대학의 경우 11학년의 2~3개 과목 포함)으로만 심사를 받는 이점이 있습니다. 성실하게 내신 과목을 공부하면 대학 입시를 준비할 수 있을 뿐만 아니라, 생활 환경도 편리해 토론토에 자연스럽게 국제학교가 발달하게 된 것입니다.

하고 싶은 것만 하려고 하니 성적이 자꾸 떨어져요

"과목별 편차가 아주 뚜렷해요. 싫은 과목은 절대 안 하려고 해요. 좋아하는 것만 잘해도 괜찮다고 하지만 그럼 평균이 자꾸 낮아져 성적이 나빠지니 그렇게 둘 수가 없어요. 못하는 과목을 올려 주려고 학원을 다니게 했더니 갈 때마다 싫다고 해서 매번 갈등이 생기네요. 그냥 좀 받아들이고 암기해서 시험에서만 평균이 나오면 좋겠는데 왜 공부해야 하냐며 자꾸 따지고요. 그렇다고 그냥 두자니 성적이 계속 낮아질 게 뻔한 걸요. 우리나라 교육 시스템에 맞지 않는 거 같은데 그렇다고 외국에서 공부한다고 잘할지 혼란스럽네요."

주관이 뚜렷하고 고집스러운 면이 있는 아이는 우리나라의 교육 제도를 납득하기 어려워하는 경우가 있습니다. '내가 왜 이 어려운 수학을 배워야 할까?', '살면서 과학은 어디에 써 먹는 거지?' 라고 생각하기도 하고 '나는 이거 대학 가서 할 거 아닌데 왜 자꾸 달달 외우라고 하는 거야' 하고 불만을 가지기도 하지요. 학생이 공부를 열심히 하는 데 무슨 이유가 있냐고 반문할 수 있겠지만, 요즘 아이들은 그런 말에 그냥 '네' 하지 않습니다.

원리와 이유부터 차근히 알기를 원하는 아이에게 우리나라 입시 제도에 맞춘 주입식 교육이 통할 리 만무합니다. 게다가 자신이 하고 싶은 분야가 뚜렷한 아이라면 더더욱 그렇지요.

하고 싶은 것이 확실한 아이라면 영국을 추천합니다. 다른 국가들은 고등학교 때까지 문과와 이과의 개념 없이 전 과목을 공부를 해야 합니다. 1년에 8~12개 과목을 이수해야 하지요. 하지만 영국은 중학교 과정에서는 평균적으로 8~9개, 고등학교 과정에서는 전공하고자 하는 과목 3~4개를 선택해 심도 있게 공부합니다. 과목은 영어, 수학, 과학뿐 아니라 경영학, 경제학, 정책학, 미디어, 심리학, 디자인 등 실제 대학에서 배우는 과목도 있습니다. 고등학교 과정에서 단 3개의 과목만 공부하고 대학을 가는 것이 정말 가능한 일일까 싶겠지만 정말 그렇습니다. 따라서 영국의 조기유학을 고려할 때는 아이가 공부하고 싶은 분야가 어느 정도 정해져 있어야 합니다.

Tip **영국의 기숙학교, 국제학교, 식스폼 칼리지 중 어디로 가면 될까요?**

아이의 영어 수준이 중간 이상이고 영국 기숙학교의 전통 교육 방식을 경험하고 싶다면 기숙학교로 도전하는 것을 추천합니다. 다만 입학 시험을 통과해야 하며 공부 외에 운동이나, 단체활동, 음악 수업 등에도 적극적이어야 합니다. 아이의 영어가 조금 부족하거나 관리가 필요하다면 국제학교 또는 식스폼 칼리지를 추천합니다. 대학 진학을 위해 학업에 집중하고 운동, 음악 등에 시간과 비용을 소요하고 싶지 않은 경우에도 적합합니다.

3장

보낼까 말까
고민된다면 해야 할 일

01 | 6개월 이상 아이를 못 봐도 괜찮을지 생각해 보자

　　얼마 전 오후 3시 30분쯤이 되면 습관적으로 스마트폰 알림을 확인하는 저를 발견했습니다. 몇 개월 전부터 바뀐 아이의 유치원 모바일 알림장을 확인하는 습관이 생겼던 것입니다. 공책보다 조금 작은 크기의 알림장으로 공지사항과 아이의 생활을 전달받던 몇 해 전과 비교하면 정말 큰 차이입니다. 휴대폰 앱 하나를 통해 아이가 점심으로 무엇을 먹었고, 어떤 활동을 했는지, 어떤 말과 행동을 했는지 알 수 있고 사진까지 볼 수 있으니 엄마 입장에서는 참 만족스럽지요.

　아침저녁으로 얼굴을 봐도 유치원에 간 아이가 궁금하고 친구들과 지내는 아이의 모습이 보고 싶은 것이 모든 부모의 마음일 것입니다.

스마트폰이
가져온 변화

스마트폰은 유학 업계에도 많은 변화를 가져왔습니다. 스마트폰이 익숙하지 않던 2010년대 초반까지는 유학을 보내는 부모는 아이와 정해진 시간에 국제전화를 하거나 이메일을 주고받으며 연락했습니다. 가끔 시차가 맞지 않거나 바쁜 일정으로 연락이 닿지 않는 날이 며칠 이어져도 오히려 크게 염려하지 않았습니다. '무소식이 희소식이겠지'라는 말을 많이 했던 기억이 납니다. 아이는 최소 3개월에서 최대 1년까지의 학기를 마치고 방학에만 귀국해서 가족들과 시간을 보내는 것이 일반적이었습니다. 부모는 그때서야 아이의 얼굴을 볼 수 있었지요.

그런데 스마트폰이 대중화되면서 부모는 아이가 현지에 도착하는 즉시 도착 여부를 확인할 수 있게 되었습니다. 나아가 카카오톡이라는 메신저 앱이 생활화가 되어 아이가 사진과 영상을 수시로 전송하는 것도 가능하게 되었습니다. 아이가 현지에서 몇 시간째 카톡을 보지 않는다는 이유로 걱정된다며 저에게 연락을 하는 경우도 정말 많아졌습니다. 대부분 아이가 바쁘거나 인터넷이 잘 안 터지는 곳(현지의 홈스테이, 기숙사, 쇼핑몰, 극장, 지하철 등)에 있는 경우가 많습니다.

유학뿐 아니라 단기 영어캠프에도 많은 변화가 있습니다. 2010

년대 초반에는 아이들과 함께 출국을 하고 24시간 관리를 하고 함께 귀국하는 한국인 인솔자가 있는 영어캠프는 굉장히 파격적이었습니다. 학생들의 소식은 매일 저녁 보고서로 본사에 전달하고, 본사에서는 주 3~4회 정도 아이들의 소식과 사진을 홈페이지에 게재했습니다. 그 당시에는 축구를 하다가 다쳐서 병원에 급히 이송한 아이의 부모님을 제외하고는 어떤 부모와도 연락한 적이 없습니다.

아이가 부모를 떠나
독립적으로 생활하려면

약 10년이 지난 지금은 한국인 인솔자가 없는 영어캠프를 찾아보기 어렵습니다. 인솔자와 부모는 수시로 연락이 가능하며 아이들의 사진과 영상은 하루에도 몇 번씩 스마트폰 앱, SNS 등을 통해서 부모에게 전달됩니다. 사실 현지에서 아이들을 관리하고 보호하는 것이 인솔자의 가장 중요한 임무인데, 사정이 이러하니 사진과 영상을 찍고 부모에게 전달하는 역할을 하는 담당자를 한 명 더 함께 출국시키는 일이 다반사입니다.

실시간으로 아이의 위치를 확인할 수 있고, 즉시 목소리를 듣고 얼굴을 볼 수 있는 것이 아주 익숙한 요즘. 여러분께 아이의 얼굴을 6개월 동안 보지 않고 살 수 있는지 묻고 싶습니다. 아니 더 정확하게는 아이와 6일 동안 아무 연락을 하지 않는다고 상상해 보세요. 아이가 출국하면 첫 주는 영상통화는 물론 음성통화, 카톡 메시지까지 모두 할 수 없는 상황이고 아이는 현지에서 혼자 유학생활을 합니다. '잘 도착해서 지내겠지', '무슨 일이 있으면 연락 하겠지' 하며 평소와 다름없이 생활할 수 있나요?

물론 이런 상황은 현실에서는 드물겠지만 적어도 이런 마음가짐이 되었을 때 아이를 보내야 합니다. 아이가 부모를 떠나 독립적으로 지내려면, 부모가 아이를 마음에서 분리시켜야 합니다. 아이가 아닌 엄마의 분리불안이 아이의 유학생활을 가장 크게 방해합니다. 부모의 분리불안에 대해서는 275쪽에서 자세히 다루도록 하겠습니다.

02 │ 내 아이의 하루를
꼼꼼히 살펴보자

　　"유학을 보내고는 싶은데 아이가 할 수 있을지 모르겠어요." 제가 상담을 진행하며 가장 많이 듣는 고민 중 하나입니다. 조기유학에 관심이 생긴 초기 단계에서 흔히 하는 걱정이지요. 정답이 없고 당장 정답을 알 수 있는 방법도 없으니 더 답답해합니다.

　　저는 초등학생 아이를 둔 부모님에게는 '머리를 감을 수 있나요?'라고 묻습니다. 중학생 아이를 둔 부모님에게는 '알람 소리에 일어나서 학교 갈 준비를 할 수 있나요?'라고 묻고, 고등학생 아이를 둔 부모님에게는 '내일을 위해 늦지 않은 시간에 잠들 수 있나요?'라고 묻습니다. 이 모든 질문의 앞에는 '엄마가 말하지 않아도 스스로'라는 말이 생략되어 있습니다.

엄마가 말하지 않아도
스스로 할 수 있어야 한다

유학생활은 30%의 학업과 70%의 기본 생활로 이루어져 있습니다. 물론 부모가 함께 유학생활을 하는 아이들은 기본 생활이 조금 더 쉽게 잡힐 수 있습니다. 혹은 생활까지도 함께 관리해 주는 기숙형, 관리형 등의 프로그램을 이용할 수도 있습니다. 그럼에도 반드시 아이가 스스로 하루 일과를 관리할 수 있어야 합니다. 조기유학을 보내도 될지 판단이 서지 않는다면 아이의 하루를 유심히 살펴보세요. 다음의 모든 문장 앞에 '엄마가 말하지 않아도 스스로'를 붙여 체크해 보세요.

☑ 아이의 자조 능력 체크리스트

☐ 알람 소리 또는 엄마의 '일어나' 소리에 일어난다.

☐ 세수하고 양치를 한다.

☐ 교복 또는 오늘 입을 옷을 입는다.

☐ 학교 수업을 빠짐없이 듣는다.

☐ 학교 규정(특히 휴대폰 관련)을 잘 지킨다.

☐ 학교 또는 학원 숙제를 일정 내에 한다.

☐ 학교 또는 학원에서 있었던 일에 대해 자신의 생각을 말한다.

☐ 시험 기간에 맞춰 공부 일정을 짠다.

☐ 과제나 시험 준비를 친구와 함께한다.

☐ 내일을 위해 휴대폰이나 컴퓨터를 끄고 잠에 든다.

앞에 해당하는 항목이 5개 이상이라면 조기유학을 보내도 되는 아이입니다. 아주 단순해 보이는 앞서와 같은 일상이 왜 유학생활 여부를 결정하는 요인이 되는 것일까요?

홈스테이나 기숙사든 누군가가 방으로 들어와 아이를 흔들어 깨우지 않습니다. 아이가 시간에 맞춰 스스로 일어나 하루를 시작해야 합니다. 학교 수업시간에 늦지 않고 출석하는 것은 유학생활의 가장 기본입니다.

세수와 양치를 묻는 항목도 마찬가지입니다. 초등학생의 경우 눈 감고 있으면 엄마가 대신 세수시키고 양치시키는 장면이 매우 익숙합니다. 그러나 유학생활에서는 이 역시 누구도 대신해 줄 수 없으며 홈스테이 또는 기숙사는 공용 욕실이기 때문에 때론 기다리기도 양보도 해야 합니다.

국가에 따라 교복이 있기도 합니다. 교복이 있는 경우 오늘 입어야 하는 교복의 형태가 상황에 따라 조금씩 다를 수 있습니다. 교복이 없는 경우에는 입을 수 있는 옷에 대한 규정이 대부분 정해져 있습니다. 오늘 학교에서 무엇을 하는지, 어떻게 입어야 하는지 숙지하고 있어야 제대로 옷을 갖춰 입을 수 있습니다.

우리나라는 출석률이 시험 성적에 영향을 미치지 않습니다. 예를 들어 수학 수업을 3번 결석했지만 시험 문제를 모두 맞추면 100점이지요. 하지만 조기유학 국가 대부분은 그렇지 않습니다. 출결, 수업 태도, 과제, 학기 중 퀴즈, 학기 말 시험이 모두 성적에 들어갑니다. 또한 수업을 몇 회 이상 결석하는 경우에는 낙제가 되어 그 수업을 이수하지 못하게 되며, 때로는 졸업을 못하는 상황까지도 발생합니다. 따라서 학교 수업을 빠짐없이 듣는 것이 중요합니다.

자기조절력과 성실성이
성공적인 유학생활을 이끈다

우리나라 학생들이 특히 유학 중에 많은 문제를 일으키는 부분은 바로 휴대폰 규정입니다. 수업 중에 휴대폰을 제출하는 규정 자체를 받아들이지 못하거나 혹은 휴대폰을 하나 더 구입해 가짜 휴대폰을 반납하는 학생도 있습니다. 평소 학교에서 지키라고 하는 기본 규정을 스스로 지키는지 판단해야 합니다.

학교 또는 학원 과제를 일정 내에 하는 것은 성실성의 척도입니다. 우리나라는 학교보다 학원 과제가 더 많지요? 조금 씁쓸한 현실이지만 학교 숙제가 없다면 아이가 학원 과제를 일정 내에 잘 하는지 확인해야 합니다. 앞서 이야기했듯이 성적에서 과제는 많은 비중을 차지합니다. 우리나라 학생들은 학교 과제를 우습게 생각했다가 나중에 점수를 보고 놀라는 경우가 종종 있습니다.

학교나 학원의 규정, 선생님들이나 친구 관계에 대해 아이가 이야기를 하는지도 체크해 보세요. 긍정적이거나 부정적일 수도 있습니다. 그 내용의 옳고 그름이 아니라 아이가 자기만의 생각이 있고 그 생각을 정확하게 이야기할 수 있는지 살펴봐야 합니다. 조기유학을 하는 학교에서는 자신의 생각을 말하는 것이 학업의 성취도와 연관이 있습니다.

아이가 시험 기간에 맞춰 스스로 공부 일정을 짜는지도 체크해 보세요. 우리나라는 방과후 학원에서 수업을 받는 것이 매우 익숙하지만, 유학을 하는 국가에는 학원이라는 개념이 없습니다. 간혹 1대1 튜터나 그룹 과외 등을 할 수는 있지만, 우리나라 학원처럼 시험 일정에 맞춰서 주요 과목을 복습해 주는 방식은 전혀 아닙니다. 스스로 시험에 대비해 계획을 세울 수 있는지 살펴보세요. 그 후 그 계획을 일정대로 소화하는지도 체크해야 합니다.

우리나라도 점차 모둠활동이 늘고 있지만 성적에 반영되는 경우는 드뭅니다. 또 아이들도 그룹활동이 익숙하지 않지요. 그러나 조기유학을 하는 국가에서는 수업의 상당 부분이 그룹으로 진행됩니다. 특히 초등학교의 경우 반의 경계 없이 수업이 진행되기도 하지요. 친구와 함께 역할을 나눠서 과제를 할 수 있는지 살펴보세요. 시험도 마찬가지입니다. 나만 점수를 잘 받고자 하는 것이 아니라 함께 좋은 성적을 받고자 하는 마음이 있다면 가장 좋습니다. 이 부분은 유학을 간 뒤 상대평가가 아닌 절대평가인 상황을 마주하고 현지에서 조금 더 고쳐지기도 합니다.

우리 아이는 몇 시에 잠이 드나요? 조기유학 국가의 학교 담당자들은 '한국 아이들은 잠을 안 잔다'고 농담조로 이야기를 하곤 합니다. 이들은 우리나라에 와서 9~10시에도 쇼핑몰에 아이들이 다니는 모습들에 놀라기도 하며, 현지에서 컴퓨터 또는 휴대폰을 하느라 새벽 1시까지도 잠을 자지 않는 아이들 모습에 매우 당혹스러워하기도 합니다. 아이가 내일 아침을 위해서 스스로 잠을 청하는지 살펴보고, 출국 전에 반드시 온 가족이 함께 아이의 수면 습관을 잡아 줘야 합니다.

객관적으로 내 아이의 하루를 체크해 보고 유학을 가기에 알맞은 시기를 결정해 보길 바랍니다. 아직은 이르다는 답이 나왔다면 앞선 체크리스트의 항목을 토대로 아이의 주도성을 먼저 키워 주세요.

03 | 누군가에게 의지하지 말고
직접 정보를 알아보자

갈수록 복잡해지는 대한민국의 교육 환경 속에서 불안한 부모들이 첫 번째로 의지하는 곳은 대개 주변 사람들입니다. 성적이 상위권인 아이 엄마의 정보력과 이를 바탕으로 한 사교육을 우선으로 합니다. 아이의 일이라면 비싼 학원비와 과외료를 마다하지 않습니다. 또한 큰 지출 앞에서도 객관적인 자료를 살피기보다 다분히 감정적으로 결정합니다. 그래서인지 일명 '카더라 통신'이 제일 많은 곳이 바로 아이들의 교육 분야입니다.

학원을 운영하는 가까운 저의 친구는 성적이 잘 나오는 아이 한 명을 자신의 학원에 붙들어 놓기 위해서는 부단한 노력이 필요하다고 말했습니다. 내신이 올라간 학생이 있다고 소문이 나면 그 아이 주변 친구들이 우르르 와서 학원 수업을 듣는데, 만약 그 아이가 다른 학원으로 옮기면 다니던 다른 아이도 그만두고 그 학원으로 몰려간다고 합니다. 내신을 올려 주는 족집게 선생님이 있다는 이야기를 들으면 또 그 학원으로 우르르 몰려가기도 한다고 합니다. 즉 주변의 정보를 바탕으로 '학원 순례'를 하는 것이 지금 대한민국 교육의 현실이지요.

학원 순례하듯
조기유학?

조기유학도 비슷합니다. 몇 해 전 한 TV 프로그램에서 연예인의 아들이 미국 서부 얼바인 지역의 초등학교에서 수업을 이수하는 모습이 방영된 적이 있습니다. 그때 그 학교로 아이를 보내고 싶다는 엄마들의 문의가 몰렸습니다. 한국인이 별로 없다는 지중해 섬나라 몰타의 이야기가 기사화되면 또 그 국가를 알아보는 문의가 한동안 늘어나고, 인기 드라마의 배경이 된 몬트리올에서 영어와 프랑스어를 모두 공부할 수 있다는 정보가 나가면 너도나도 몬트리올에 가고 싶다고 문의합니다.

어느 한 국가나 프로그램이 주목받으며 많은 사람들이 선택한다는 것은 유학지로 그만큼 매력적이고 장점이 많다는 반증이기는 합니다. 하지만 다른 사람들이 어떤 선택을 하는지보다 아이의 성향과 상황에 맞는 올바른 정보를 찾아 내는 것이 더 중요합니다.

조기유학을 보낼지 말지, 보낸다면 어느 국가로 보낼지, 그 국가에서도 어떤 프로그램이 좋을지 등의 구체적인 유학 계획 역시 내 아이에 맞춰 세워야 합니다.

1등 하는 아이가 다니는 학원에 내 아이를 보낸다고 아이의 성적이 올라가는 것이 아니듯 요즘 유행하는 유학 프로그램에 아이를 보내는 것이 무조건 좋은 선택은 아닙니다. 즉 무엇보다 부모의 판단력이 필요합니다. 수시로 바뀌는 유학 트렌드와 차고 넘치는 정보의 홍수 속에서 올바른 판단을 하기 위해서는 부모가 직접 알아보고 비교하는 절차가 꼭 있어야 합니다.

인터넷 정보보다
움직여서 정보 찾기

부모가 직접 조기유학을 알아볼 때는 다양한 조기유학 국가 및 교육 제도 등의 정보를 수집하고 체계적으로 비교하고 분석하는 것부터 시작해야 합니다. 이때 부모들은 흔히 인터넷 검색을 이용해 정보를 찾습니다. 그러나 인터넷에 올라오는 글들은 손쉽게 얻을 수 있는 정보인 만큼 또 손쉽게 사라질 수 있는 정보입니다. 업데이트가 되지 않은 정보이거나 혹은 틀린 정보일 수도 있습니다. 게다가 객관적인 사실인지 광고인지 구분하기 어려운 기사도 많습니다. 따라서 인터넷을 통한 정보는 대략적인 참고용으로만 활용하고, 직접 발로 뛰어서 알아보는 방법을 추천합니다.

인터넷을 활용한다면 일회성인 기사나 블로그, 커뮤니티 등의 글을 믿기보다 전문 유학원 홈페이지에 들어가 책자나 상담 자료를 신청하세요. 또한 정기적으로 열리는 유학 박람회를 통해 유학 전문 컨설턴트의 상담을 받는 것도 좋습니다. 각 국가 및 학교 담당자에게 실질적인 이야기를 들을 수 있습니다. 다양한 곳에서 진행되는 교육 세미나도 포괄적인 내용을 알 수 있어 도움이 됩니다. 무엇보다 유학원에 직접 방문해 1대1 컨설팅을 받으면 가장 정확합니다.

아이의 인생이
통째로 바뀐다

대개 조기유학은 부모가 월등한 경제력이 있고 아이 역시 그런 부모의 지원을 받아 영어나 학교 성적이 다져져 있는 아이를 위한 과정이라고 생각합니다. 그래서 '아이 상담을 위해 한 번 방문해 주세요'라는 말에 부담을 느끼며 거절하는 경우가 더러 있지요. 하지만 모든 부모가 조기유학을 결심한 채로 상담을 오는 것은 아니며, 아이 역시 유학을 가기 위한 준비(영어, 학업 성적 등)가 되어 있지 않은 경우가 대부분입니다. 오히려 이곳저곳에서 무분별하게 들리는 정보에 휘둘려 혼란스러워하며 찾아오는 부모들이 많습니다.

다양한 교육 관련 책을 읽고 강연을 듣고 학원 상담도 받으며 정보를 갖추고 있다고 자부했지만, 막상 자신의 아이에게는 그 정보를 제대로 활용하고 있지 못해 막막해하는 부모도 찾아옵니다. 이런 부모 밑에서 자란 아이는 어릴 때부터 다양한 교육 환경에 노출되어 다양한 공부를 하니 이미 지쳐 있는 상태가 많습니다.

조기유학은 학원처럼 다니다가 쉽게 바꿀 수 없습니다. 한번 시작하면 입학과 동시에 짧게는 1년, 길게는 9년이 걸립니다. 평균 4~5년의 교육 과정을 마친 후 대학생이 되는 과정 전체를 생각해야 합니다.

우리나라에서 사교육을 통해 당장의 시험 성적을 만들어 내는 것과 달리 매우 장기적인 계획이며, 아이의 인생이 달라질 수 있는 중요한 갈림길입니다. 따라서 주변의 정보나 광고에 현혹되지 않고 아이의 성향과 부모의 상황에 맞는 국가를 선별하여, 아이의 취약점을 보완하고 장점을 극대화할 수 있는 프로그램을 선택해야 합니다. 그 어떤 분야보다 전문성이 필요한 부분이니 제대로 알아봐야 하며 무엇보다 전문가와 상담을 받는 시간이 필요합니다.

04 | 아이에 대해 구체적으로 묻는 전문가와 상담하자

　　조기유학 국가와 프로그램에 대해 알아본 후에는 반드시 전문가에게 직접 상담받아야 합니다. 수집한 정보가 정확한지 확인하는 과정이 필요합니다. 전문가를 고를 때는 단순 정보만을 나열하는지 혹은 아이에 관해 묻고 궁금해하며 컨설팅하려고 하는지 확인해야 합니다.

　　"아이는 내가 잘 알아요. 저랑 성격이 똑같아요. 그냥 그 학교로 진행해 주세요." 상담을 하다 보면 제가 제일 난감할 때가 바로 이렇게 이야기하는 부모를 만날 때입니다. 부모의 유전자를 받아서 태어나는 아이가 부모의 성향과 닮아 있는 것은 당연한 일입니다. 아이의 유학생활의 선택권과 책임도 부모에게 있으니 제가 나서서 부모의 결정을 바꾸기는 힘듭니다. 그러나 10대 아이들은 부모보다 밖에서 만나는 사람들과 친구들의 영향을 많이 받습니다. 인터넷과 SNS를 통해 세상과 소통하고 하루에도 몇 번씩 마음의 변화를 겪습니다. 가정에서 부모가 보고 느끼는 아이의 모습이 밖에서는 다른 경우가 많습니다.

무엇보다 중요한 것은 조기유학이라는 특수한 환경에 처했을 때 아이가 어떻게 반응할지를 예측하는 것입니다. 대부분의 아이들은 부모와 떨어져 오랜 시간 동안 생활해 본 경험이 없는 채로 유학을 떠납니다. 조기유학 이전에 단기연수나 영어캠프에 참여했다면 유학 국가나 기숙사, 홈스테이 시스템에 약간 익숙하기는 하지만 이 역시 본격적인 유학생활에서 아이가 어떻게 반응할지를 정확하게 예상할 수 있는 척도는 아닙니다.

교우관계와 리더십이 좋은 중2 연서

연서 엄마는 무조건 학교의 순위를 우선했습니다. 이미 강남 8학군의 중심인 대치동에서 초등학교를 다녔기 때문에 학원에서 하는 선행학습으로 중학교 3학년 과정까지 마쳤다고 했습니다. 웬만한 학업량은 모두 소화할 수 있으니 무리가 되더라도 입학만 하면 어떻게든 따라갈 것이라는 자신감이 엄마에게 있었습니다. 뿐만 아니라 학급 회장을 도맡아 해 오며 교우관계와 리더십도 좋은 평가를 받아 왔으니 기숙생활에 대한 염려도 전혀 없다고 했습니다.

제가 만난 연서는 엄마의 이야기대로 활발하고 적극적인 아이였습니다. 연서는 유학생활에서 기대되는 것은 다른 나라 친구들을 만나는 것이고 반대로 가장 걱정되는 것은 우리나라의 친구들과 헤어져야 하는 것이라고 했습니다. 친한 친구들을 소개해 달라는 저의 요청에 줄줄줄 이름을 대는 모습에서 연서에게는 친구들의 존재가 매우 크게 차지하고 있다는 것을 알게 되었습니다.

선행학습으로 쌓은 역량을
학업 역량으로 착각하는 경우

"학교 시험은 그냥 뭐 학원에서 하라는 대로, 외운 대로만 하면 웬만큼 점수가 나와요. 수학 학원 선생님이랑 영어 과외 선생님이 만든 연습 문제를 계속 풀면 시험에서 거의 다 맞아요. 진짜 어려운 거 1~2개만 빼고…"

마침 연서를 만난 때가 중간고사가 끝난 직후라 시험에 대해 물었더니 얼굴 표정이 조금 굳어지며 대답했습니다. 친구들 이야기를 할 때와는 사뭇 상반된 표정이었습니다. 그때서야 다시 한 번 '아, 이 아이 대치동 아이였지' 하는 생각이 들더군요. 저는 연서가 자신의 학업 역량에 비해 너무 높은 학교로 가는 것보다 학령에 맞는 학교나 몇 개월 뒤 영어만 익숙해진다면 현지의 학생들을 쉽게 따라잡을 수 있는 정도의 학교로 보내는 것이 적합하다고 판단했습니다. 너무 학교의 순위만 볼 것이 아니라 한국인 선배 언니가 있거나 조금 친밀한 분위기가 형성되어 있는 학교로 시선을 넓혀 볼 것을 조심스럽게 조언했습니다.

무엇보다 저는 연서가 학업 역량이 뛰어난 학생으로 평가받을 수 있을지에 대해 확신이 없었습니다. 사람의 집중력은 궁금한 마음이 생겨야 나오기 마련입니다. 그런데 선행학습은 그런 의문을 갖기도 전에 아이들에게 내용을 주입시키고 막상 학교 수업에서는 이미 아는 내용이라 집중하지 않게 만듭니다. 더욱이 우리나라 평가 제도 특성상 깊이 생각하기보다 넓고 얕게 암기를 많이 해야 시험에 유리하기 때문에 학원에서는 훑어보는 형태로 진도를 빠르게 나갑니다. 이런 공부 방식이 익숙했던 연서는 공부 방식을 바꿔야 한다는 것 하나만으로도 매우 도전적인 첫 학기를 맞이할 것이 분명했습니다.

연서가 초등학교 입학 전부터 누군가 짜 놓은 시간표 안에서 움직였을 뿐 스스로 계획해 공부해 본 경험이 없다는 것도 매우 염려스러웠습니다. 조기유학에서는 자신의 시간을 스스로 관리하는 것이 중요합니다. 카운슬러와 상의해 자신에게 필요한 과목에 맞춰 시간표를 짜고 수업을 이수하고 기숙사에 돌아와서 그날의 수업을 복습하거나 과제를 해야 합니다. 때문에 스스로 공부를 계획해 보지 못한 아이들은 당연히 수업시간에 뒤처지게 됩니다.

학교를 선택할 때
아이의 회복탄력성도 고려해야

또한 연서의 마음에 회복탄력성이 얼마나 있을지도 걱정되었습니다. 우리나라에서 좋은 점수를 받았던 아이가 유학 직후 좋은 성적을 받지 못하면 매우 초조해하고 스트레스를 받습니다. 이는 곧 좌절감으로 이어지지요. 뿐만 아니라 주위 친구들에게 영향을 많이 받으며 또래 관계에서 중심이 되었던 아이일수록 현지에서 마치 비주류가 되는 듯한 상황을 견디기 어려워합니다. 국제학생은 처음 한두 학기 정도는 언어 때문에 현지의 아이들과 쉽게 어울리지 못합니다. 음악, 운동 등의 클럽활동의 가입도 제한되는 경우가 종종 있습니다. 이 기간을 어떻게 넘기느냐에 따라 유학을 지속할 것인지 돌아올 것인지가 결정된다 해도 과언이 아닙니다.

그래서 저는 아직 중학생인 연서가 처음에는 버겁지 않게 적응해 학업 역량을 높일 수 있는 학교로 입학하고 2년 뒤 조금 더 학구적인 고등학교로 가는 것을 몇 번이고 추천했습니다. 연서 엄마가 저의 조언을 받아들였을까요? 아쉽게도 합격한 3개의 학교 중에 제가 가장 염려했던 학교로 진학했고 정확히 4개월 만에 학업을 포기하고 우리나라로 돌아왔습니다. 엄마가 내 아이에 대해 잘 알고 있다는 확신이 강할수록 예상과 다른 결과를 내는 아이에게 실망합니다.

간혹 반대의 경우도 있습니다. 아이가 너무 힘들까 봐 무조건 안정적인 선택을 하는 것이지요. 자신의 학업 수준에 비해 너무 어려워 포기하는 경우와 반대로 이때는 너무 쉬운 환경이 만들어져 금세 지루함을 느끼고 흥미를 잃어버립니다. 그러다 보면 엉뚱한 곳에 마음을 뺏겨 유학의 본래 목적에서 어긋나기도 하지요.

아이 앞에 주어진 과제가 적절할 때 아이는 그 상황에 몰입하며 노력하고 해결하며 성취감을 느낍니다. 그러면서 성공적인 유학생활을 합니다. 조기유학은 수익성이 보장되지 않은 채 100% 예측으로 선택해야 하는 투자와 같습니다. 때문에 더더욱 부모의 생각만이 아닌 다양한 경험이 있는 전문가를 찾아가 상담을 받아야 합니다.

05 | 두 마리 토끼를 잡겠다는
욕심을 버리자

약 10년 전만 해도 자녀를 조기유학 보내는 부모들의 목표는 아이의 대학교 진학 즉, 오로지 아이의 학업이 목표였습니다. 그 세대의 엄마들은 대부분 대학 교육까지 받았으나 사회에서 기회를 잡기가 쉽지 않았습니다. 남자에 밀려 승진을 못하거나, 결혼과 출산을 하면서 일을 지속할 수 없는 경우가 많았습니다. 자신의 이런 좌절감을 자녀에게는 물려주지 않고자 교육에 더 집중했고, 상대적으로 교육의 기회가 많다는 미국, 영국 등으로의 유학을 선호했고 필요하다면 영어 과외는 물론 운동, 미술 수업 등 경쟁력을 갖추기 위한 지원을 아끼지 않았습니다. 분명한 목표를 가진 만큼 국가 및 프로그램 선택에도 확신이 있었습니다. 또 우선순위가 아닌 것에는 집중하지 않았습니다.

부모의 학업에서
영주권, 취업까지?

반면 최근 3년 사이 저를 찾아온 엄마들은 대학 시절에 유학을 꿈꿨거나 어학연수 또는 교환학생 등을 통해 직접 외국에서 공부한 경험이 있습니다. 꼭 외국에서 공부하지 않았어도 대학교, 대학원 등에서 원하는 만큼 교육을 받았으며, 사회에 진출하고 남편이나 부모(시댁 또는 친정)의 지원 등으로 아이를 낳고도 하고 싶은 일을 지속할 수 있는 환경인 경우가 많습니다.

때론 조기유학을 갔다가 명문 대학에 진학해도 취업 시장에서 밀리는 상황들을 직접 접했습니다. 또한 대기업에 입사한다고 해도 40세에 명예퇴직을 하는 사례도 수두룩하게 봤습니다.

그러면서 자연스럽게 아이가 꼭 명문 대학에 진학하는 것이 아닌 행복한 학업 생활을 하는 것에도 가치를 두기 시작했습니다. 뿐만 아니라 자신의 학습 욕구도 있습니다.

그에 따라 상대적으로 합리적인 비용으로 이후 취업과 영주권 취득까지 가능한 캐나다가 조기유학지로 인기가 많아졌지요. 또 엄마가 동반하기 쉬운 말레이시아, 필리핀 등의 동남아 유학도 늘어났습니다.

이왕이면 비용도 적고 좋은 학군이었으면

"제가 칼리지에서 공부하고 그 후에 취업해서 영주권을 받으면 최종적으로 이민을 가고 싶어요. 아이가 무상으로 공립학교에 다닐 수 있다고 하니까 좋은 학군에서 공부했으면 하고… 이왕이면 비용도 적게 들면 좋고요."

엄마들 대부분이 두 마리 세 마리 토끼를 잡고 싶어 하지만 저는 아주 강력하게 두 마리 토끼를 잡는 것은 절대 불가능하다고 이야기합니다. 아이의 조기유학을 고려한다면 조기유학을 목표로 해야 합니다. 그게 아닌 자신의 학업이나 가족의 이민을 고려하고 있다면 아이의 학업은 우선순위에서 빼야 합니다. 이때는 조기유학 전문 상담이 아니라 이주공사를 통한 이민 상담을 하거나 유학 이후 이민이 가능한 방법을 알려 주는 취업 상담을 해야 합니다. 엄마의 학업도 아이의 학업도 모두 만족시킬 수 있는 프로그램은 없습니다.

아이의 유학으로 초점을 맞췄다면 조기유학에서 얻고 싶은 것이 무엇인지 정해야 합니다. 어떤 목표를 위해 아이의 인생에서 중요한 시간을 보내고자 하는지, 비용을 투자하려고 하는지를 명확히 해야 합니다. 그 목표가 바로 조기유학 국가와 프로그램을 선정하는 가장 중요한 기준이 되는 것이지요.

유학의 목표를 정하고
우선순위를 만들자

목표가 정해진 뒤에는 우선순위를 정하고 가장 상위의 가치 두 가지만 남겨 두세요. 학교 순위가 가장 중요하다면 아이의 성적과 학업 능력이 뒷받침되어야 합니다. 합리적인 학비를 원한다면 한 반의 인원은 늘어날 수밖에 없습니다. 아이가 학교 수업을 따라갈 수 있는 정도의 영어 실력이 안 된다면 영어 수업을 우선적으로 이수해야 합니다. 방과후 매일같이 아이를 만나 관리해 주고 연락하는 시스템을 선호한다면 그에 맞는 비용이 책정됩니다. 한국인 비율이 낮은 곳은 생활이 불편하거나 지역에서 아이가 누릴 수 있는 인프라가 없는 경우가 많습니다.

엄마의 1번부터 10번까지의 욕심을 모두 만족시키는 곳은 없습니다. 식상한 말이지만 환경보다 아이가 제일 중요합니다. 부모가 해 줄 수 있는 최선의 비용 안에서 아이에게 적합하다고 판단되는 우선순위를 단호하게 두 가지로만 타협해야 부모도 아이도 행복한 결정을 내릴 수 있습니다.

06 | 유학의 목적과 이유를 잘 따져 보자

'유학'이란 외국에서 공부를 한다는 뜻입니다. 조기유학은 이른 시기에 외국에서 공부를 한다는 뜻으로 여기서 이른 시기는 주로 미성년자 시기를 말합니다. 각 국가의 비자 제도로 규정한다면 약 5~18세 정도입니다. 외국에서 공부하는 것을 통틀어 유학이라 부르다 보니 아이가 공부할 수 있는 다양한 형태들을 헷갈려 하는 부모가 많습니다.

크게 1년 이상의 과정인 유학과 단기 프로그램으로 나눌 수 있습니다. 단기 프로그램은 캠프, 스쿨링, 어학연수 등으로 나누어집니다. 각각의 형태에 대해 정확하게 이해하고 차이점을 알고 있어야 아이에게 필요한 것이 무엇인지 선택할 수 있습니다.

조기유학을
가야 하는 경우

조기유학은 현지의 학교에 입학해서 1년 이상의 학업을 지속하는 것을 의미합니다. 가장 일반적으로 생각하는 유형이지요. 아이가 중학생 이상일 때 조기유학을 생각한다면 몇 년 후 우리나라로 다시 돌아오는 것보다 현지에서 고등학교 혹은 대학교까지 입학하는 것으로 계획하는 것이 좋습니다.

아이가 초등학교 때 영어를 조금 더 능숙하게 하려고 떠나는 것역시 현지의 학교에서 1년 이상의 학업을 하는 것이라면 조기유학에 속합니다. 영어를 익히고 다양한 경험을 한 뒤 대학 입시는 우리나라에서 하게 할 예정이라면 최대 3년 안에는 우리나라로 돌아오는 것을 추천합니다.

단기 프로그램을
가야 하는 경우

아이가 영어에 흥미를 가지고 재미를 느끼게 해 주고 싶다면 유학 프로그램보다 단기 프로그램을 먼저 고려하는 것이 좋습니다.

① **캠프**: 방학 때마다 관심도가 올라가는 프로그램입니다. 아이가

3~6주 정도의 방학을 이용해 영어를 공부하고 관광 및 다양한 체험도 하는 프로그램입니다. 캠프는 현지의 어학원 혹은 캠프 전문 교육 업체에서 운영하는 경우가 많습니다. 국제학생 혹은 우리나라 학생을 대상으로 하기 때문에 현지의 아이들과 만나는 유학 프로그램과는 차이가 있습니다. 프로그램뿐 아니라 모든 숙식까지도 이른바 패키지로 짜여 있습니다. 숙박 형태는 홈스테이 또는 기숙사로 국가별로 차이가 있습니다. 주로 입출국을 인솔해 주고 현지에서도 꾸준한 관리를 해 주는 캠프 프로그램을 우리나라의 부모들은 선호하는 편입니다.

② **스쿨링**: 기본적으로 캠프와 흡사한 형태의 프로그램입니다. 차이점은 현지 학교의 정규 수업에 아이들이 배정되어 참관 수업의 일종으로 참여할 수 있다는 것입니다. 현지 학교가 학기 중이어야 하니 우리나라의 겨울방학일 때 참여가 가능합니다. 간혹 부모들은 현지의 아이들과 만나기에 무조건 좋다고 생각할 수 있습니다. 하지만 참관하는 수업이 의미가 있기 위해서는 아이가 어느 정도 영어를 알아들을 수 있어야 합니다. 그렇지 않은 경우 오히려 영어에 대한 부정적인 인상은 물론, 외국에서 공부하는 것이 힘들었던 경험으로 남을 수 있으니 주의해야 합니다.

③ **어학연수**: 영어 수업 이후의 관광이나 다양한 활동이 없다는 것이 캠프 및 스쿨링과의 큰 차이점입니다. 국제학생을 대상으로 어학 수업을 운영하는 현지 어학원에서 여름 혹은 겨울 시즌에 맞춰

'주니어 연수'를 제공합니다. 이 형태는 입출국을 인솔해 주지 않으며 학생이 홈스테이나 기숙사에서 혼자 지낼 수 있어야 해 연령의 제한이 있습니다. 이에 미취학 혹은 초등학생 아이는 부모와 함께 가족연수로 진행하거나 9월에 현지 유학을 앞둔 중학생 이상의 학생이 사전 프로그램으로 활용하는 경우가 많습니다.

아이의 성향과
가정의 상황을 함께 고민하자

국가를 선택하는 요령

'어디를 가나 잘할 아이는 잘한다'고 하지만 조기
유학의 성공 여부는 아이의 학습 역량 하나에만 달려 있지 않습
니다. 아이의 기본적인 성향, 유학의 이유와 목적은 물론 부모의
경제적인 상황까지 모든 것을 고려해 가장 적합한 국가를 선택해
야 합니다.

152쪽 '국가별 학교 형태와 예상 비용'에서 설명한 각 국가별 특
징 및 예산을 한눈에 비교할 수 있도록 표로 정리해 놓았습니다.
더불어 앞서 소개하지 않았던 뉴질랜드, 말레이시아, 필리핀 조기
유학의 특징과 예산도 간단히 소개합니다.

국가별 특징 및 예상 비용 한눈에 보기

	특징	유학 형태	1년 예산
미국	−다양한 과목 및 과정을 폭넓게 학습 −유학 형태가 다양해 선택의 폭이 넓음 −학과목 외 운동, 음악, 미술 등의 활동이 가능 −지역에 따라 학교 및 교육 환경, 비용 등의 차이가 큼 −2학기 제도: 9월, 1월	① 통학학교+홈스테이 ② 통학학교+사설 기숙사+방과후 관리형 ③ 기숙학교	① 4,000~ 6,000만 원 ② 7,000만~ 1억 원 ③ 5,000~ 8,000만 원
영국	−고등 과정으로 올라갈수록 3~4개 전공 과목을 깊이 학습 −오랜 전통의 기숙학교 −대학 진학에 초점이 맞춰져 있는 국제학교 −3학기 제도: 9월, 1월, 4월	① 기숙학교(영국 학교/국제학교) ② 통학학교+부모 동반(만 11세까지)	① 9,000만~ 1억 원 ② 1억 이상
캐나다	−상향 평준화된 공립 교육의 질 −상급 학년일수록 대학 진학을 위한 국제 사립학교로의 유학 우세 −상대적으로 합리적인 비용으로 유학이 가능 −유학 프로그램이 다양해 선택의 폭이 넓음 −2학기 제도: 9월, 1월	① 공립학교+홈스테이 ② 공립학교+홈스테이+가디언 ③ 공립학교+홈스테이 또는 기숙사+방과후 관리형 ④ 공립학교+부모 동반(만 18세까지)	① 3,000~ 4,000만 원 ② 4,000~ 5,000만 원 ③ 6,000~ 8,000만 원 ④ 6,000~ 8,000만 원

	특징	유학 형태	1년 예산
뉴질랜드	-공립학교의 커리큘럼 및 환경이 우수해 공립과 준사립 진학이 다수 -학교 내 최신식 시설과 다양한 액티비티 -자연 친화적인 환경 -도시 선택의 폭이 좁음 -4학기 제도: 1월, 4월, 7월, 10월	① 공립/사립학교 + 홈스테이 ② 기숙학교 ③ 공립/사립학교 +부모 동반(만 18세까지)	① 3,000~ 4,500만 원 ② 4,000~ 5,000만 원 ③ 6,000~ 8,000만 원
말레이시아	-영어권 국가(미국, 영국, 캐나다)식 학제의 국제학교 -낮은 물가로 합리적인 비용으로 유학이 가능 -영어와 동시에 중국어 학습이 가능 -국제학교의 학비가 매우 다양 -학교마다 학기가 다르며 대개 9월에 시작	① 기숙학교 ② 통학학교+부모 동반(만 18세 까지)	① 3,500~ 5,000만 원 ② 5,000~ 8,000만 원
필리핀	-미국식 학제의 국제학교 -낮은 물가로 합리적인 비용으로 유학이 가능 -홈스테이는 불가능하며 대부분 관리형 형태 -학교마다 학기가 다르며 대개 8~9월에 시작	① 통학학교+사설 기숙사+방과후 관리형 ② 학원 영어 수업 +사설 기숙사+ 관리형	① 2,500만 원 내외 ② 2,500~ 3,500만 원

08 | 최종 선택은 아이가,
준비 과정은 함께하자

제가 만나는 엄마들의 유형은 세 가지로 나눌 수 있습니다. 첫 번째는 아이의 조기유학 학교와 프로그램을 아이보다 더 열심히 알아보는 유형입니다. 자신이 나서서 아이에게 적합하다고 생각되는 프로그램을 선택하고, 출국하기 직전까지 무엇을 시킬지 계획을 완벽하게 짜 놓습니다. 아이는 엄마가 짜 준 시간표대로 다니는 데 매우 익숙하지요.

두 번째는 아이와 의논하면서 아이가 원하는 것 위주로 함께 선택해 나가는 유형입니다. 매우 이상적으로 보이지만 간혹 전문 컨설턴트보다 아이의 선택을 우선시해 중요한 것들을 놓치는 경우가 있습니다.

마지막 세 번째는 엄마가 박람회나 설명회 등을 다닐 시간도 없고, 정보를 얻으러 다니는 것에 에너지를 많이 쓰지 않는 유형입니다. 그래서 대개 아이가 유학을 가고 싶다고 먼저 엄마를 끌고 와서 유학 상담이 시작됩니다.

이 세 가지 유형의 엄마가 아이를 조기유학 보낸다면 어느 아이가 더 좋은 결과를 가져올까요? 사실 어떤 유형의 엄마가 옳다고 단정지을 수는 없습니다. 조기유학은 엄마의 태도뿐 아니라 아이의 성향부터 아이가 입학한 학교의 학급 친구, 선생님들까지 너무 많은 요인이 복합적으로 영향을 미치기 때문입니다. 하지만 굳이 답을 정해 보자면, 바로 마지막 엄마의 아이가 가장 좋은 결과를 냅니다.

조기유학 과정을 엄마가 다 알아봐 준 중3 영호

조기유학 컨설턴트로 일을 하고 얼마 되지 않은 초반에 만난 영호 엄마는 '다 해 주는' 전형적인 첫 번째 유형의 엄마였습니다. 영호 엄마는 아이의 학교 시간표는 물론 학원 수업, 과외 수업의 과목별 진도까지 알고 있었습니다. 조기유학을 보내고자 하는 2년 전부터 상담을 시작했는데, 이미 각 국가별 특징과 학교 형태, 추후 대학 입시 제도와 학생비자에 필요한 서류 목록까지 모두 파악한 상태였습니다. 여러 차례의 상담을 진행했지만 영호는 학교에 있거나 학원에 있어서 영호를 한 차례도 만나지 못했습니다. 아이의 픽업 시간 때문에 때로는 영호 엄마도 차를 탄 채로 서류만 전달해 준 적도 있습니다. 그때 영호 엄마의 차 안에는 아이가 먹을 김밥과 음료수가 있었습니다.

입학 과정이 한창 진행되고 인터뷰를 준비하는 과정에서야 비로소 영호를 만날 수 있었습니다. 예상 질문에 대한 답변을 완벽하게 암기해 온 영호는 막힘없이 답변했고, 희망한 학교에 입학할 수 있었습니다. 그런데 문제는 입학 이후였습니다. 학교의 성적과 무관하게 힘들어하는 모습을 보이던 영호는 극단적인 행동으로 현지에서 심리치료를 권유받았고, 여러 차례의 치료에도 나아지지 않자 결국 우리나라로 돌아오게 되었습니다. 현지에서 상담한 내용 중의 극히 일부만 저에게 공유될 수 있어 유학을 포기한 이유를 완전하게 알 수는 없었습니다. 하지만 저는 영호가 기숙사 사감 교사와 이야기한 내용이 지금까지도 마음에 남습니다. '엄마가 이야기해 준 것과는 너무 다르다. 엄마가 미국 수업은 한국보다 쉬울 거라고 했는데 이런 줄 알았으면 오지 않았다.'

엄마는 전화 한 통만, 혼자 알아보고 결정한 중3 호민이

정반대로 마지막 엄마 유형인 호민이 엄마는 가게를 하고 지방에 거주해서, 저와 직접 만나지 못한 채 전화 한 통만으로 유학을 허락했습니다. 호민이는 부모님께 지원받을 수 있는 비용 내에서 학교와 프로그램을 전적으로 결정했습니다. 이후 진행 상황에서 필요한 절차 역시 저와 호민이가 직접 했습니다. 호민이는 우수한 성적을 지닌 학생이 아니었지만, 유학 1년 이후에 성적이 오르기 시작했고 편입을 목표로 전문대학교에 진학했습니다.

원망과 책임은
한 끗 차이

영호 엄마와 같은 유형은 매우 부지런하고 성실합니다. 또한 아이는 대체로 우리나라에서 학업 성적이 좋은 편인 경우가 많습니다. 유학 상담도 매우 일찍부터 시작해 체계적으로 준비하기 때문에 대부분 목표한 학교에 무리 없이 입학합니다.

하지만 이런 엄마의 아이는 자기 힘으로 할 수 있는 것 없이 성장했을 확률이 높습니다. 일과를 엄마가 짜 주고 공부는 물론 먹는 음식까지도 자신이 결정할 필요 없이 살아왔으니 말이지요. 한번은 입학 인터뷰를 준비하러 온 아이가 자신이 지원한 학교의 이름이 무엇인지 몰라 당황한 적도 있습니다. 그렇다고 그런 아이가 유학생활을 제대로 못한다는 이야기는 아닙니다. 단지 유학생활 초기에 남들보다 조금 더 어려움을 겪을 가능성이 큽니다.

아이가 최종 결정을 하고 준비 과정은 함께해야 하는 또 하나의 이유는 바로 이런 어려움을 겪을 때의 태도가 달라지기 때문입니다. 엄마가 이야기해 준 것과 너무 다르다며 이런 줄 알았으면 오지 않았다고 하는 영호의 말에는 책임을 엄마에게 돌리는 원망스러운 마음이 담겨 있습니다. 적어도 자신이 선택하고 유학을 결정한 아이는 힘든 역경에 부딪혀도 이겨 내고자 노력합니다. 엄마가 기회를 주었고 자신이 최종적으로 선택한 것이기 때문이지요.

또 입학을 준비하는 과정에서 아이는 가고자 하는 학교와 프로그램에 대해 들으며 유학을 현실로 조금씩 받아들이게 됩니다. 이런 과정을 거친 아이는 마음이 단단해진 채로 유학생활을 시작합니다. 때문에 좋은 결과를 가져오는 것은 어찌 보면 매우 당연한 것입니다.

아이를 구경꾼으로
두지 말아야

무엇보다 중요한 것은 유학에 대한 최종 결정권입니다. 그 결정권이 아이에게 있어야 합니다. 준비하는 과정 역시 엄마가 주도하는 것이 아니라 아이가 나서서 진행해야 합니다. 처음부터 끝까지 부모가 모든 과정을 주도하면 아이를 구경꾼으로 만들고 맙니다. 조기유학을 가서 모든 것을 감당하는 사람은 아이입니다. 구경꾼에서 갑자기 주인공이 되기는 쉽지 않습니다.

누가 주도하느냐에 따라 결과는 달라집니다. 겉으로 보기에 둘 다 잘 적응하고 좋은 성적을 낸다 해도 인생의 큰 결정을 주도한 경험은 아이를 크게 성장시킵니다. 처음부터 아이에게 주도권을 주고 스스로 계획하고 준비하도록 하세요. 아이 인생의 주인공은 부모가 아닌 아이입니다.

4장
___

조기유학을
보내기로 결심했다면

01 | 우리 아이
몇 살에 보내야 할까?

"보내기는 해야 할 것 같은데 지금 보내는 게 좋을지 아니면 1~2년 정도 후에 보내는 게 좋을지 모르겠어요."

"영어 때문에라도 일찍 보내긴 해야 하는데 지금 보내면 또 너무 어린 거 같기도 하고… 그렇다고 늦어지면 가서 따라가기 어려울 것도 같아요."

아이를 조기유학 보내기로 결정했다면 가장 먼저 드는 생각이 '언제 보내야 할까'입니다. 몇 살에 보내야 한다는 정답은 없습니다. 아이가 몇 살인지보다 아이의 의지가 몇 점인지가 더 중요합니다.

물론 언어를 배우는 속도나 적응하는 속도는 어릴수록 빠르다는 말도 맞습니다. 하지만 아직 유학을 가고 싶어 하지 않는데 부모의 결정에 따라 유학을 떠난 초등학교 5학년 아이보다 마음의 준비가 되어 자신의 의지대로 유학을 떠난 고등학교 1학년 아이가 훨씬 성공적인 유학생활을 할 가능성이 큽니다.

나이보다 의지가
언어 습득에 큰 영향

미국의 언어학자인 노암 촘스키(Noam Chomsky)는 인간의 뇌 속에 언어 습득에 중심적 역할을 하는 가상의 언어습득장치가 있다고 주장합니다. 언어습득장치는 태어날 때부터 가지고 있고 어릴수록 왕성하게 작동하므로 외국어를 배우는 시기는 어릴수록 좋다고 주장하지요.

실제로도 만 3~4세 유아들은 성인이라면 10년이 걸려도 습득하기 어려운 외국어를 단기간에 습득합니다.

하지만 저는 어린 나이가 지난 후에 영어를 시작해도 영어를 능숙하게 구사할 수 있다고 자신 있게 말할 수 있습니다. 새로운 언어를 배울 때는 뇌의 능력뿐 아니라 아이의 동기와 열의가 더 많은 영향을 미치기 때문입니다.

어리면 어릴수록 영어를 빠르게 습득하지만, 어리면 어릴수록 영어에 지속적으로 노출되지 않는다면 그만큼 또 빠르게 잊을 수

있습니다. 따라서 만 4세 때 아이가 조기유학을 간다면● 그 이후에
도 지속적으로 영어가 모국어처럼 쓰일 수 있는 환경이 유지되어
야 합니다.

"영어권 국가로 여행을 다녀와 보세요. 그리고 작은 물건을 사거
나 음식점에서 주문하는 것을 아이가 하게 해 보세요." 유치원 이
전의 아이, 아직 영어라는 것 자체를 모르는 아이를 두고 조기유학
을 고민하는 부모에게 제가 해 주는 조언입니다. 아이가 영어를 배
우려면 영어에 흥미가 생겨야 합니다. 여행이라는 즐거운 상황 속
에서 영어를 자연스럽게 접하고, 어떻게 쓰이는지 아는 것이 좋습
니다.

유치원 프로그램이나 여타 교육으로 어느 정도 영어에 노출된
아이라면 부모와 함께 단기연수를 다녀오는 것을 추천합니다. 초
등학생 이상이라면 여름캠프를 다녀오는 것도 추천합니다. 다만
이 역시도 아이가 기본적으로 영어에 대한 흥미와 배우고 싶은 마
음이 있어야 가능합니다. 부모의 욕심에 아이가 영어에 질려 버리
지 않도록 주의해 주세요. 다시는 영어를 공부하고 싶어 하지 않
거나 영어를 배우는 데 꽤 많은 시간과 노력이 필요할 수도 있습
니다.

● 실제 유학생 비자를 받아 갈 학교는 없습니다. 다만 현지 지인을 통해 사설 어린이집 등에 보내는 부모
도 있습니다.

조기유학에서 영어는
목적이 아닌 수단

초등 고학년이 될수록 단순히 영어 때문에 조기유학을 선택하는 부모들은 많지 않습니다. 어차피 우리나라에서는 성공하기 어려우니 영어 하나라도 배워 오겠지 하는 단순한 생각에 조기유학 보낸다면 아이는 영어는 고사하고, 학업 성적 하나 제대로 나오지 않을 가능성이 큽니다. 혹 영어가 많이 늘어 온다 해도 이제는 영어 한 가지만으로는 아이가 사회에서 크게 인정받기 어렵습니다.

조기유학은 '영어를' 배우러 가는 것이 아니라 '영어로' 배우러 가는 것입니다. 현지의 학교에서 영어로 수학, 과학, 사회 등의 교과목을 배우고 영어로 자료를 찾고 과제를 하며 영어로 시험을 보는 것입니다. 또 선생님과 친구들을 만나 영어로 인사하고 대화하는 생활을 하는 것입니다. 즉, 조기유학에서 영어는 목적이 아니라 가장 기본적인 수단입니다. 기본적인 영어가 어느 정도 수준으로 충족되어야 학교 수업도, 과제도, 하다못해 교사와의 면담도 할 수 있습니다.

조기유학에 대한 이해와 영어 습득에 영향을 미치는 요인에 대한 이해가 있다면 조기유학을 고려하는 목적에 따라 적합한 나이를 추천할 수 있습니다. 다만 이것은 저의 경험으로 인한 추천이지 모든 아이에게 정답처럼 적용될 수 있는 것은 아닙니다.

그럼에도 영어가 목적이라면 중1 이전에

최근 늘어난 약 1~3년 정도의 영어를 위한 단기유학이라면 중학교 이전에 우리나라로 다시 돌아올 수 있도록 계획하는 것이 좋습니다. 중학교가 배정되기 전에 돌아와야 새로운 친구들과 새로운 학교에서 함께 시작해 아이의 적응이 수월합니다. 또래 관계뿐 아니라 학업적인 부분도 그렇습니다.

우리나라는 중학교부터 대학 입시를 위한 초반 레이스가 시작됩니다. 사교육이 극대화되며 주입식 공부가 본격적으로 시작되는 학년입니다. 반면 대부분의 영어권 조기유학 국가에서는 중학교 과정까지는 얕고 넓게 공부하며 하고 싶은 것을 스스로 찾아가게 합니다. 우리나라 중등 과정에 비해 훨씬 쉽고 진도도 느린 편입니다.

이런 방식에서 배운 아이가 우리나라의 중학교 과정을 뛰어넘고 고등학교로 들어가면 수업에 적응이 쉽지 않아 다시 유학을 희망하는 경우가 매우 많습니다. 아이가 더 의지가 불타올라 다시 유학을 보내 줄 수 있다면 문제가 되지 않겠지만, 경제적으로 곤란함을 겪는 부모도 많으며 우리나라에서 공부하고 대학을 졸업하길 희망했던 부모의 계획과 달라져 아이와 갈등이 생기는 경우도 많습니다.

취업이 목표라면 초등 고학년 이후에

대학교, 가능하면 취업 및 정착까지 해외에서 하려는 목표가 있는 아이를 조기유학 보낸다면 적어도 초등학교 고학년 이상까지는 기다려야 합니다. 영어를 원어민처럼 하게 하려는 부모의 욕심도 이해하지만, 반대로 한국어를 놓칠 수 있다는 점을 고려해야 합니다.

사실 처음부터 이중 언어를 할 수 있는 환경이 아니라면 아이가 영어를 모국어만큼 할 수 있는 수준이 되기는 쉽지 않습니다. 오히려 한국어만 더 어설퍼지는 결과를 가져올 수 있습니다. 경험상 국어를 잘 못하는 아이가 영어를 잘하지는 않습니다.

즉, 초등학교 고학년이라는 저의 기준은 한국어에 대한 역량이 어느 정도 갖춰진 후를 뜻합니다. 일상적으로 하는 대화나 학교 수업시간의 책을 읽는 데 문제가 없는 수준을 말하는 것이 아닙니다. 아이가 장문의 글을 문자로 읽는 것을 넘어 그 속에 담겨진 의미를 이해할 수 있는 수준을 말합니다. 아이가 어떤 개념에 대해 배운다고 할 때 그 개념을 알아듣는 것뿐 아니라 자신만의 사고 체계를 거쳐 다시 설명할 수 있는 정도의 수준이 되어야 합니다. 우리나라 말은 한자에서 유래된 낱말들이 많습니다. 유학을 다녀왔어도 아이가 사자성어는 이해하고 사용할 수 있어야 합니다.

아이가 가고 싶어 하면
늦은 때란 없다

간혹 아이가 고등학교 2~3학년 때 유학을 가고 싶다고 하면 부모는 너무 늦은 것이 아닌지 불안해합니다. 때문에 무작정 고등학교 졸업 후로 미루기도 하는데 이 역시 바른 방법은 아닙니다. 조기유학이라는 틀 안에서는 고등학교 3학년이 마지막 학년이지만 아이의 인생 전체를 보면 아직 초반이기 때문에 외국 대학 입학을 희망하는 것이 확고하다면 굳이 우리나라에서 1~2년의 시간을 더 보낼 필요는 없습니다. 아이의 상황을 정확하게 진단하고 목표에 가장 알맞은 계획을 세워야 합니다.

다만 아이가 고등학교 2학년이라면 중학교 2학년 때 조기유학을 간 아이와 동일한 목표를 이루려면 더 많은 시간과 에너지가 들어간다는 것만 염두에 두길 바랍니다. 더불어 이 내용은 저의 경험을 토대로 한 제안일 뿐 부모의 결심과 아이의 의지가 확실할 때가 적기라는 것을 한 번 더 강조합니다.

영어를 못하는데
괜찮을까?

결론부터 말씀드리면 영어가 부족해도 조기유학은 가능합니다. 물론 영어를 잘하는 아이가 영어를 못하는 아이보다 국가와 학교, 프로그램 등에서 선택의 폭이 넓을 수는 있습니다. 또한 학교 수업 및 현지 생활에 적응하는 속도가 빠를 수도 있겠지요. 하지만 아이의 영어 수준이 조기유학을 할 수 있는지 없는지 판단하는 기준은 전혀 아닙니다.

조기유학으로 진학하는 학교는 아이의 최종 목적지가 아닙니다. 이후 국내 학교로 돌아오거나 현지의 대학에 가거나 혹은 취업을 하는 등 다음 단계가 항상 동반됩니다. 심지어 조기유학 과정 중 학교를 옮기기도 하지요. 이렇듯 조기유학 자체는 다음 목적지를 위한 아이의 첫 번째 과정일 뿐입니다. 첫걸음부터 뛰어갈 수 없듯이 조기유학 입학 단계부터 영어를 잘하지 않아도 괜찮습니다.

다만 보다 면밀한 컨설팅이 필요합니다. 예를 들면 입학하고자 하는 학교가 영어 보충 수업이 원활하게 진행되는 곳인지, 방과후 추가 수업이 가능한 곳인지 체크할 필요가 있고 실제 진학했던 국제학생들의 최근 후기도 참고해야겠지요. 학교 입학 이전에 어학 기본 과정을 먼저 시작해야 하는 경우도 있습니다.

영어를 잘하는지 못하는지
제대로 판단해야

다양한 학교 및 프로그램을 선택하기 위해서는 '우리 아이는 영어를 잘해요' 또는 '못해요'라는 기준을 명확히 해야 합니다.

흔히 학교 내신 성적을 첫 번째 기준으로 삼습니다. 성적표에 표기된 성적과 등급뿐 아니라 같은 학년의 영어 점수 평균치를 확인해 보고, 아이가 다니는 학교의 내신 시험 문제가 국내 학교들과 비교해서 어느 정도 수준인지도 확인해야 합니다.

학교 성적표는 모든 유학 절차에서 필수 서류이며 학생의 성실성을 판단하는 기준입니다. 전 과목이 A인 학생과 전 과목이 F인 학생을 비교할 때는 이 성적표 하나로 충분히 학습 능력을 판단할 수 있겠지요. 그러나 유학을 고민하는 아이들은 평균 중간 정도의 성적과 과목별로 오르락내리락 하는 점수를 가진 아이들이 대부분입니다. 때문에 저는 내신 성적을 참고용으로만 활용합니다.

수학은 90점이고 영어가 70점인 아이는 유학을 가기에는 영어가 부족한 것일까요? 과학은 60점이고 영어가 85점인 아이는 유학을 가기 충분한 영어 실력이 있는 것일까요? 판단하기 어렵습니다. 특히 우리나라의 내신 영어 시험에는 대학생들조차 풀기 어려운 문제가 몇 문제 들어 있으니 말이지요. 더군다나 초등학교와 중학교 1학년은 시험조차 없으니 더욱 아이의 내신 성적만으로는 영어 실력을 판단할 수 없습니다.

공인 인증 시험 성적이 없다면
유학원의 레벨 테스트를

공인 인증 시험도 영어 실력을 판단하는 주요 기준입니다. 토익이나 토플 혹은 아이엘츠(IELTS) 등의 공인 점수가 있으면 좋지만, 초중고 학생이 그런 시험을 보는 경우는 많지 않지요. 한두 번 경험이 있다 해도 시험에 출제되는 지문의 내용 자체가 초중고 학생들이 접하기 어려운 내용이라 좋은 점수를 받기는 쉽지 않습니다. 오히려 이런 시험에서 점수를 잘 받는 능력은 조기유학을 통해서 향상되는 것입니다. 공식 시험으로 파악이 필요할 때는 토플 주니어나 아이텝 슬레이트(iTEP SLATE)가 오히려 더 적합합니다.

하지만 이 시험 성적도 없는 아이들이 대부분입니다. 그럴 때는 대부분의 조기유학을 전문으로 하는 유학원들은 저마다의 영어 레벨 테스트를 하니, 그 시험에 응시해 보는 것도 하나의 방법입니다.

제가 하는 방법을 예로 들면 우선 기본적인 듣기와 읽기 시험을 진행합니다. 아이가 수업을 들을 때 선생님의 말을 얼마나 알아들을 수 있는지 교재를 얼마나 읽을 수 있는지가 중요하기 때문이지요. 실제 미국 중고등학교에서 사용하는 엘티스(ELTis)라는 실용 영어 시험을 보기도 하고, 교과서에서 발췌해 만들어 놓은 시험지를 활용하기도 합니다. 국가나 입학 학년에 따라 다르지만 학교 내신보다는 아이가 알고 있는 단어의 수준과 영어로 하는 대화 상황을 이해하는 능력, 시험에 응하는 태도가 영어 실력을 판단하는 저의 기준입니다.

영어를 못한다면
반드시 이유를 파악해야

영어를 못한다고 판단될 때에는 그 이유를 반드시 파악해야 합니다. 영어를 못하는 이유는 조기유학을 할 수 있는지 없는지를 가

늘하는 지표가 됩니다. 각기 다양한 이유들이 있지만 제가 만나 본 아이들이 영어를 못하는 이유는 아래와 같이 크게 두 가지로 나눌 수 있었습니다.

① 영어를 배우지 못해서
② 영어를 배우기 싫어서

언뜻 보면 비슷해 보이는 위의 이유는 어떻게 다를까요? ①번은 대다수의 우리나라 아이들이 영어를 못하는 이유입니다. 언어는 단순히 주입식으로 외우고 정답을 찾는 과정만으로 배울 수 없습니다. 언어를 이해하기 위해서는 언어 안에 녹아 있는 문화를 알아야 하고 더 깊게는 역사도 알아야 합니다. 우리나라에서는 영어를 이렇게 배울 수 있는 기회가 없습니다. A, B, C부터 시작해서 단어를 암기하고 규칙처럼 껴 맞추는 문법을 배우고 배경도 모르는 기사를 영어로 읽고 해석하는 등의 활동을 합니다. 아이들이 배운 것은 언어로서의 영어가 아니라, 주요 과목 중 하나인 영어입니다. 따라서 ①번의 이유라면 조기유학이 오히려 영어를 잘하게 만드는 기회가 될 수 있습니다.

영어를 못하는 이유가 ②번이라면 입학이 가능한 학교 또는 프로그램이 있다고 해도 아직은 시기상조입니다. 영어가 부족한 아이들은 학교 입학 후 교내 영어 보충 수업에 참여하거나 개별과외 또는 온라인 수업 등의 방법으로 부족한 영어 실력을 메워야 합니다. 다른 학생들에 비해 더 많은 공부량을 소화해야 하는 것이지요. 특히 정규 수업은 그대로 참여하니 과제 하나를 해도 다른 친구들보다 더 많은 시간을 할애해야 할 것입니다.

정식 학교 입학이 아닌 어학연수도 마찬가지입니다. 영어만 배우니 수업이 조금 더 쉽다고 생각할 수 있으나 오히려 학교 수업이 아닌 연수 과정에서 기본 문법, 단어 암기, 읽고 쓰기 등의 기본 수업이 반복되고 미술, 음악 등의 예체능 수업이 없어 더 지루하게 느껴질 수도 있습니다.

즉 영어가 부족한 만큼 시간과 노력이 더 필요한 법인데 영어가 싫은 아이가 이 시간을 버틸 수 있을까요? 버틴다 한들 좋은 결과를 낼 가능성은 얼마나 될까요? 그럼에도 불구하고 아이를 조기유학 보내고 싶다면 그 시간과 비용을 아이가 영어와 친해지게 만드는 데 먼저 사용해 보세요. 영어를 배우고 싶은 마음이 들도록 만드는 것이지요. 영화나 음악이 될 수도 있고 해외여행이나 영어캠프가 될 수도 있을 것입니다.

03 | 조기유학에 성공할 수 있을까?

성공에 대해
확실히 정의하기

　내 아이가 조기유학에 성공할 수 있을까 하는 생각에 앞서 '성공'의 기준을 명확히 해야 합니다. 성공의 기준이 명확할수록 아이는 조기유학에서 실패자가 될 확률이 낮아집니다. 아이가 유학생활을 하는 동안 또는 마친 뒤 이랬으면 좋겠다 하는 점을 종이에 자유롭게 적어 보세요. 5개, 10개, 20개 또는 그 이상도 좋습니다. 솔직하게 적을수록 좋습니다. 제가 먼저 제 아들을 떠올리며 작성해 보겠습니다.

우리 아이 조기유학의 목표

- 6개월 내에 영어로 일상적인 대화를 하면 좋겠다.
- 1년 내에 특정 주제에 대한 생각을 영어로 논리 있게 쓰면 좋겠다.
- 유학을 하고 있는 국가의 사회적인 이슈를 이해하면 좋겠다.
- 엄마 아빠에게 어느 분야를 공부하고 싶다고 먼저 이야기하면 좋겠다.
- 악기 한 가지를 학교에서 배우면 좋겠다.
- 실외 운동을 하는 클럽활동을 한 가지 하면 좋겠다.
- 1년 후에 전 과목 성적이 B 이상이면 좋겠다.
- 기독교 및 타 종교에 대한 이해와 배경지식이 생기면 좋겠다.
- 코딩 프로그램에 대해 흥미가 생겼으면 좋겠다.
- 대학 전공을 선택할 때 이유가 분명했으면 좋겠다.
- 근처 교회에서 신앙 생활을 지속하면 좋겠다.
- 학교 출석과 과제, 퀴즈 준비 등으로 성실성을 익히면 좋겠다.
- 주위 친구들이 하는 잘못된 행동에 큰 영향을 받지 않으면 좋겠다.
- 잘하는 과목을 다른 사람에게 가르치는 봉사를 하면 좋겠다.

그 후 나열한 문장들 중에서 중복되는 내용은 지우고 우선순위를 정해 보세요. 절반으로 줄이고 또 다시 절반으로 줄이면서 최대 세 가지만 남겨 놓으세요. 하나를 지우려면 하나가 마음에 걸리고 또 다른 것을 선택하려니 아쉬울 것입니다. 그만큼 아이에게 요구하는 것이 많다는 증거입니다. 제가 이 과정을 반복하며 추린 세 가지는 다음과 같습니다.

우리 아이 조기유학의 목표

- 1년 내에 특정 주제에 대한 생각을 영어로 논리 있게 쓰면 좋겠다.
- 학교 출석과 과제, 퀴즈 준비 등으로 성실성을 익히면 좋겠다.
- 대학 전공을 선택할 때 이유가 분명했으면 좋겠다.

우선순위에 따라 추려진 이 세 가지가 아이가 조기유학에서 얻어 오기를 바라는 목표입니다. 그것이 내가 아이에게 조기유학이라는 기회를 주려는 이유이지요.

이것을 똑같이 아이에게도 적어 보라고 하세요. 다만 조기유학의 목표라는 어려운 단어보다 '그 나라로 유학을 가면 어떤 것들이 달라졌으면 좋겠어?' 라거나 '유학생활을 통해서 무엇을 배우고 싶어?' 등 조금 더 구체적이고 쉽게 질문해 주세요. 또 아이들의 언어로 작성하게 해 주세요.

그렇게 아이가 적은 내용을 나의 목표와 합치고 아이와 상의해서 최종적으로 세 가지를 도출해 보세요. 자, 이제 그것이 우리 아이를 조기유학 보내고자 하는 이유이며 최종 목표가 됩니다. 즉, 아이가 그 세 가지를 제대로 해 온다면 성공이고 한 가지도 제대로 못한다면 실패가 되는 것이지요.

목표를 아이와
공유하고 합의하기

조기유학은 부모의 결심과 경제적 지원도 필요하지만 무엇보다 유학 당사자인 아이의 노력이 무조건 있어야 합니다. 쉽게 말해 처음 결정은 부모가 하고 돈도 부모가 내지만 유학생활은 부모가 할 수 없는 것이지요. 부모가 원하는 성공을 해내야 하는 주체는 바로 아이입니다. 그러므로 부모가 아이에게 바라는 것들이 아이와 함께 공유되고 합의되어 아이 본인의 목표가 되어야 합니다. 부모가 아이에게 바라는 것, 그리고 아이 자신이 얻고 싶은 것들이 정립되는 이 과정을 거친다면 적어도 아이는 쉽게 실패하지 않을 것입니다.

04 | 아이가 잘할 수 있을지
확신이 없을 때

"선생님, 진짜 보내는 게 맞을까요? 얘가 가서 제대로 할 수 있을지 확신이 없어요."

마음의 결정을 내린 후 학교를 선정하고 지원서를 쓰기 시작하면 이제 진짜 아이를 보내는구나 하는 실감이 나면서 동시에 마음이 흔들리는 단계가 옵니다. 부모의 확신이 없다는 말에는 두 가지의 마음이 깔려 있습니다. 하나는 불안, 다른 하나는 불신.

불안은 혹시 자신이 아이에게 감당 못할 어려움을 주는 것은 아닌지 하는 걱정에서 시작합니다. 아이 혼자 외국에서 지내는 동안자칫 사고라도 나는 것은 아닌지 불안하기도 합니다. 아이를 사랑하기에 비롯되는 아주 자연스러운 마음입니다. 하지만 계속 걱정한다고 해서 상황이 달라지지는 않습니다. 냉정하게 생각해 보면 미리 불안해한다고 일어날 사고가 빗겨가지 않고, 미리 걱정하는 만큼 아이가 가서 잘 지낼 확률이 올라가는 것도 아닙니다. 마음의 결심을 했다면 걱정과 불안보다는 잘할 수 있을 것이라는 확신으로 아이를 지지하고 격려해야 합니다.

불신이 아이의
성장 가능성을 제한한다

확신이 없다는 말 속에 불신이 있을 때는 문제가 심각합니다. 아이를 못 미더워하거나 심한 경우 아예 무시하기도 합니다. 부모 중 한 명의 의견이 강해서 다른 한 명은 찬성도 반대도 아닌 방관의 입장일 때, 또는 아이가 우기고 우겨서 유학을 진행할 때 종종 볼 수 있는 부모의 반응입니다.

"저는 걱정은 안 돼요. 그런데 아마 중간에 포기하고 오겠다고 할 걸요?" 이렇게 이야기하는 부모라면 내가 아이를 너무 무시하고 있는 것은 아닌지 돌아봐야 합니다. 유학을 진행하며 희망하는 학교로 입학 지원을 한 후에 불합격하는 경우가 있습니다. 이때 "거 봐. 내가 그럴 줄 알았어"라는 말은 이미 유학 결정을 한 아이에게 전혀 도움이 되지 않습니다. 지속적인 신뢰와 믿음을 보여 줘야 아이가 그 마음에 부응해 더 노력하고 성장할 수 있습니다.

아이를 무시하는 마음은 결국 아이의 성장 가능성을 제한합니다. 아이는 기회가 주어지고 옆에서 조금만 도와주면 놀라운 결과를 가져오기도 합니다. 이왕 결심했다면 아이가 앞으로 어떻게 하면 더 잘할 수 있을지만 고민하고 믿어 주는 것이 맞습니다.

맛보기 프로그램으로
아이의 적응력 가늠하기

부모가 계속해서 마음의 확신이 생기지 않는다면 관심 국가의 방학 단기 프로그램을 활용해 아이의 적응력을 먼저 판단해 보는 것도 하나의 방법입니다. 아이도 이 기회를 통해 막연하게 생각했던 유학과 해외생활에 대해서 어느 정도 가늠할 수 있습니다. 실제로 매년 여름과 겨울방학 일정에 맞춰 진행하는 단기 프로그램을 신청하는 아이들 중에는 이후 조기유학에 관심이 있는 아이가 꽤 많습니다.

단기 프로그램 이후 자신감을 얻어 두려움과 불안을 떨쳐 내고 이듬해에 조기유학을 결정하는 아이도 있고, 영어나 특정 나라에 대한 관심이 생겨 몇 년 후의 계획을 조금 더 구체화하는 아이도 있습니다. 반면 막상 엄마와 떨어져 보니 생활하기가 어렵다거나 오히려 영어에 자신감이 하락해 유학을 미루거나 취소하는 아이도 있습니다. 유학이 아닌 매년 단기 프로그램만 참여하기로 결정하기도 하고요.

물론 캠프와 스쿨링과 같은 단기 프로그램과 조기유학은 학습기간, 생활의 형태와 공부의 깊이에서 많은 차이가 있습니다. 하지만 적어도 아이가 부모와 긴 시간 동안 떨어져 어떻게 지내는지, 또래 관계에서 어떻게 소통하고 행동하는지, 영어로 수업하는 것을 어느 정도 알아들을 수 있는지 등을 확인할 수 있는 가장 확실한 방법입니다.

05 | 엄마가
같이 가는 것이 좋을까?

아이 혼자 외국으로 보내길 걱정하는 부모들을
만날 때마다 저는 육아휴직을 끝내고 복직을 앞둔 전날 밤이 떠오
릅니다. 아직 어린아이를 집에 두고 출근해야 해서 한 시간도 잠을
못 자고 꼴딱 밤을 샜던 기억이 납니다. 조기유학 컨설턴트로 근무
한 것이 몇 년인데 그제야 아이를 먼 타지로 떠나보내는 부모 마음
을 조금이라도 이해하게 되었지요.

하지만 생각보다 아이는 빠르게 안정되었습니다. 일정 시간이
지나면 엄마가 온다는 사실을 알게 되니 자연스럽게 그 시간을 받
아들였습니다. 아이가 조금 더 크며 제 마음의 여유가 생긴 후 돌
아보니, 육아만을 하던 시기보다 저의 행복지수도 높아졌다는 것
을 깨달았습니다. 그 덕에 아이와 지내는 시간이 오히려 더 값지게

느껴지고 더 많이 웃으며 아이를 대할 수 있게 되었지요.

　물론 근무하는 시간에만 아이와 떨어져 있고 매일 저녁 아이를 만나는 저의 상황이 아이를 먼 나라로 홀로 보내는 조기유학의 상황과 같지는 않습니다. 다만 장기적으로 엄마가 행복해질 수 있는 길을 선택해야 한다는 말을 하고 싶습니다.

　아이를 혼자 보내야 할지, 엄마와 함께 가야 할지를 고민하는 나이는 적어도 초등학교 고학년 이상입니다. 그보다 어리면 엄마와 함께 가거나 유학을 미룰 것을 권유합니다. 아이의 성숙도에 따라 차이는 있지만 평균적으로 초등학교 고학년 이상은 되어야 합리적인 생각과 이성적인 판단을 할 수 있습니다.

희생이 아닌
즐거운 일상이 되어야

　외국에서 아이의 보호자로 사는 것은 생각보다 큰일입니다. 단기간의 여행이나 학생 시절 했던 어학연수와는 완전히 다릅니다. 아이의 학업 관리는 물론 생활적인 부분까지 홀로 책임져야 하기 때문이지요. 자신의 삶은 잊은 채 오직 아이의 교육을 위해 헌신하는 엄마가 많습니다. 보통 이런 엄마는 우리나라에서도 아이를 돌보는 일에 열성적이었습니다. 하지만 이런 희생은 오래 지속될 수 없습니다.

"어머님이 아이와 함께 유학을 갔을 때의 하루나 한 달을 상상해 보세요. 그리고 아버님이 없이 또 주변 친구, 동생, 친정 부모님 도움 없이 처음부터 끝까지 혼자, 반복적으로 할 수 있을지 꼭 생각해 보세요."

아이와 같이 가야 하는지 고민하는 엄마들에게 제가 하는 조언입니다. 엄마가 함께 가는 조기유학을 고려한다면 가서 어떤 하루를 보내는지 반드시 인지해야 합니다. 매일 아침 아이를 학교에 데려다주고 오후에는 집으로 데리고 와야 합니다. 자차를 이용해야 하니 차량 구입과 운전은 필수입니다. 간혹 스쿨버스가 있거나 대중교통을 이용하기도 하지만 그럼 10분 걸리는 곳을 1시간이 걸려 돌아가야 하니 부모와 함께 유학생활을 하는 아이들에게 흔한 방법은 아닙니다. 하교 후 방과후 활동, 각종 학원 또는 영어 추가 과외 등의 일정에도 기사 노릇을 해야 합니다. 학원 버스가 시간에 맞춰 다음 학원으로 아이를 데려다주는 것은 우리나라에만 있는 편리하고도 재미있는 시스템입니다.

또한 조기유학 국가의 학교들은 대부분 급식이 없기 때문에 매일 도시락을 싸 줘야 하고 아침저녁으로 먹일 식사와 간식도 준비해야 합니다. 우리나라처럼 배달 음식이나 가공 식품도 많지 않습니다. 외식도 한두 번이지 매일 할 수는 없습니다. 학교에서는 학부모 공지를 비롯해서 아이의 과제나 수업 관련 내용을 매일 서면이나 이메일로 엄마에게 전달합니다. 일정에 맞춰 학교에 가서 선생님과 면담해야 하고 필요한 준비물도 챙겨 줘야 합니다.

간혹 아이 곁에서 생활하다 어려움이나 갈등을 겪어도 정신적으로 의지하고 의논할 수 있는 아이 아빠는 곁에 없습니다. 잠시의 휴식을 위해 아이를 대신 봐 주는 아이의 이모나 조부모도 멀리 있지요. 이런 모든 과정을 온전히 할 수 있을지 꼭 생각해 봐야 합니다. 또 그 생활을 감당하고 버티는 것이 아니라 그 속에서 즐거울 수 있는지 반드시 따져 봐야 합니다. 내가 아이와 함께 가야만 아이가 안정될 것이라는 '아이 중심'의 사고에서 내가 그 삶을 행복하게 살 수 있을지 고려하는 '엄마 중심'의 사고가 되어야 합니다.

비용 등을 현실적으로 따져 봐야

변화에 대한 유연성과 언어 학습력도 엄마보다 아이가 훨씬 높은 경우가 많습니다. 아이는 빠르게 적응하며 자기만의 또래 관계와 세상을 만들어 가는데, 엄마는 그렇지 못하면 결국 허무감에 빠지게 됩니다. 엄마도 친구들을 만나거나 좋아하는 음식을 먹고, 영화를 보고, 책을 읽고, 공부를 하는 등 자신을 위한 즐거운 일을 하며 살아야 합니다. 또 부모와 아이 사이와는 달리 남편과 아내 사이는 엄밀히 따지면 남남입니다. 부부가 기약 없이 오랜 시간 동안 떨어져 지내면 그 관계는 소원해질 수밖에 없다고 생각합니다. 아이를 위해서 한 선택이 아이에게서 화목한 가정을 빼앗는 결과가 되지 않도록 주의해야 합니다.

비용도 무시할 수 없습니다. 엄마가 함께 갈 경우 1년 예상 비용은 아이가 혼자 갈 경우보다 평균적으로 두 배 이상 필요합니다. 주거 렌트비(월세)를 비롯해 자동차 렌트비, 생활비, 전기세, 수도세 등의 비용 등이 발생합니다. 이러한 비용 지출이 장기적으로 가능한 것인지 예상해 봐야 합니다. 반대로 이 비용을 온전히 아이의 교육비로 지출한다면 엄마와 함께할 때보다 훨씬 더 좋은 환경을 제공해 줄 수도 있다는 사실도 인지해야 합니다. 엄마의 불안을 잠재우는 지출보다 아이에게 필요한 프로그램에 하는 지출이 더 값질 수 있습니다.

06 정보가 너무 많아 오히려 헷갈릴 때

인터넷 정보나
지인의 정보는 참고만

휴대폰 하나면 무엇이든지 검색이 가능한 요즘은 조기유학 정보도 쉽게 찾을 수 있습니다. 그러나 온라인 정보는 100% 객관적인 내용이 아닙니다. 객관적인 사실을 토대로 한 해당 상품에 대한 광고가 대부분이지요. 예를 들어 '캐나다 조기유학'이라는 키워드로 검색해서 나오는 글의 대부분은 캐나다 조기유학과 관련한 교육 제도, 지역 설명, 다양한 유학 프로그램에 대한 소개를 담은 홍보글입니다. 언론 보도 역시 광고성 보도가 많습니다. 그렇다고 이런 글이 모두 틀린 정보라는 이야기는 아닙니다. 가볍게 참고하는 정도로만 읽어 보는 것이 바람직합니다.

부모가 가장 좌지우지되는 정보는 바로 가까운 지인에게서 듣는 정보입니다. 엄마들은 주로 옆집 엄마나 주변 엄마들과 아이의 교육 이야기를 하는 자리에서 조기유학 경험담을 접합니다. 또 온라인 커뮤니티에 가입해 정보를 얻기도 합니다. 아이를 유학 보낸 선배 엄마가 쓴 글을 하나둘 읽다가 그 글에 달린 댓글은 물론, 답변까지 읽다 보면 생전 모르는 사람이 마치 지인처럼 느껴집니다. 그러나 이런 이야기는 정보가 아닌 주관적인 경험담과 조언 정도로만 여기는 것이 바람직합니다. 부모의 마음을 강력하게 흔들지만 아이에게는 반대의 결과를 가져오기도 하는 하나의 사례일 뿐이니까요.

유학원마다
다른 말을 하는 이유

"A유학원에서는 캐나다를 가라고 하고, B유학원에서는 관리형 프로그램을 꼭 해야 좋다고 하니 누구를 믿어야 할지 모르겠어요." 초기 상담을 진행하는 부모에게서 가장 많이 듣는 이야기입니다. 전문 유학원에 상담하는 것은 인터넷 검색이나 지인의 말에 비해 정확한 정보를 주지만, 여러 군데 유학원에서 상담을 받으면 오히려 혼란스러움이 가중됩니다.

　모든 컨설턴트가 동일한 국가와 프로그램을 제안하지 않기 때문입니다. 당연합니다. 컨설턴트 자신의 전문적인 지식과 경험을 바탕으로 아이에게 가장 좋은 국가와 프로그램을 제안해 주니까요. 따라서 '다 다른 이야기를 해서 누구도 믿을 수 없다'는 말은 틀린 말입니다. 제대로 된 컨설턴트를 찾으려면 컨설턴트가 아이를 중심에 두고 생각하는지 확인해야 합니다. 또 하나의 국가뿐 아니라 다양한 국가 및 프로그램을 모두 비교할 수 있는지, 실제 상담 학생들의 진학 사례가 많은지 확인하는 것이 좋습니다.

　세상의 모든 조기유학 정보를 다 알 수는 없습니다. 혹시 더 알 수 있는 정보가 있지 않을까 하는 불안한 마음에 계속 인터넷을 파헤치는 동안, 혹은 다양한 유학원에 상담하러 다니는 동안 아이의 시간은 하염없이 흘러갑니다. 마음의 결심이 섰다면 우선순위를 정해 놓고 그 안에서 최선인 것을 선택해야 합니다.

부모들이
흔히 하는 질문

조기유학을 알아보는 부모들이 가장 혼란스러워하며 하는 질문을 대표 국가별로 모았습니다. 정확한 정보를 참고하길 바랍니다.

국가 공통

Q 도대체 가디언이 무엇인가요?

가디언이란 아이가 지내는 국가에서 부모의 역할을 대신할 수 있는 권리와 책임을 가진 사람을 말합니다. 대개 부모가 동반하는 경우에는 부모가 보호자 역할을 해 필수는 아닙니다. 아이 혼자 유학을 하는 경우에는 공증을 받은 서류, 가디언의 신분 서류 등이 비자 신청 시 필수로 요구됩니다. 국가마다 요구하는 가디언의 조건은 상이하나 대개 영주권자 이상으로 신분 증빙 시 문제가 없는 성인이어야 합니다. 서류상에 이름만 올리면 되는 것이 아니라 실제 아이의 유학생활을 도와줘야 하므로 유학원이나 학교를 통해 전문 가디언을 섭외하는 것이 좋습니다.

Q 관리형 유학이 무엇인가요?

'관리형'이라는 말은 하나의 조기유학 상품을 일컫는 말입니다. 학교 수업뿐 아니라 방과후에도 아이의 학업, 생활 등을 관리해 주는 프로그램을 뜻합니다. 방과후에 영어나 학교 과제, 학과목 보충 수업을 해 주고 대학 진학에 필요한 컨설팅 등 아이의 학업과 진로를 밀착 관리해 줍니다. 프로그램에 따라 홈스테이나 기숙사를 선택할 수 있습니다.

Q 홈스테이는 안심이 되지 않아요

홈스테이는 안전합니다. 미성년자 유학생의 홈스테이는 서류, 면접, 주거 공간 방문 등 까다로운 심사를 거쳐 배정됩니다. 다만 아이가 낯선 외국인 가정에서 지내는 데 스트레스가 크거나, 의사 소통에 갈등이 생길 수 있으니 그만큼 적응에 힘이 들 수는 있습니다. 하지만 기숙사 역시 대부분 타 국적 학생과 방을 같이 써야 하고, 방과후에도 지속되는 또래 관계에서 문제가 생기는 경우가 종종 있으니 무조건 기숙학교만 선호하는 것은 바람직하지 않습니다. 또 홈스테이는 대부분 1인실이고 저녁 때 집으로 돌아와야 하니 친구에게 끌려 다니기 쉬운 성향의 아이에게는 오히려 큰 장점이 되기도 합니다. 영어를 지속적으로 사용하는 환경과 그 나라의 문화를 가까이에서 접할 수 있는 것도 장점입니다.

Q 국가마다 입학할 수 있는 학교가 다른가요?

유학생의 입학은 국가마다 다른 기준을 적용합니다. 캐나다는 일정 금액의 학비를 납부하면 공립학교로의 입학을 허용합니다. 미국은 교환학생으로 1년의 공립학교 유학생활을 허용하나 이는 유학의 개념보다 문화 교류의 개념이 강합니다. 영국은 사립학교로만 입학이 가능합니다.

Q 부모 동반 유학을 찾는데 캐나다만 있나요?

부모 동반 유학은 미성년자 유학생의 보호자 자격의 비자가 나오는 국가만 가능합니다. 대표적인 국가가 캐나다이며 상향 평준화된 공립학교의 수준, 합리적인 비용 등 여러 가지 장점이 있습니다. 영국도 가능하지만 아이가 만 11세까지만 체류할 수 있고 비용이 매우 높아 추천하지 않습니다. 미국은 미성년자 유학생의 보호자에게 비자가 나오지 않습니다.

Q 정착 서비스는 무엇이고 꼭 해야 하나요?

정착 서비스는 아이가 엄마와 함께 유학을 가는 경우 입국부터 주거 렌트, 인터넷 설치, 가구 및 식료품 구입, 차량 구입, 보험 가입 등 정착에 필요한 전반적인 절차를 도와주는 서비스를 말합니다. 외국생활 경험이 있거나 지인이 현지에 거주하고 있어도 정착 서비스는 받는 것을 추천합니다. 특히 집 계약, 중고차 구입, 보험 가입 등은 제대로 알아보지 않으면 매우 고생할 수 있습니다. 지인에게는 조언을 구하는 정도의 도움만 청하고 책임 소지, 분쟁 등이 있을 수 있는 중요한 계약은 반드시 전문 업체를 통해 해야 합니다. 몇 년 동안의 유학 비용에서 정착 서비스 비용은 매우 작은 비중입니다. 작은 돈을 아끼려다가 큰 낭패를 보지 않아야 합니다. 믿을만 한 전문 업체를 무조건 이용하세요.

미국

Q 시민권자인데 공립학교에 갈 수 있나요?

시민권자는 공립학교에 무상으로 진학 가능합니다. 단, 유학원을 통해서 진행할 수는 없습니다. 유학원은 말 그대로 유학생을 대상으로 유학생이 입학할 수 있는 학교만 다루고 있습니다. 따라서 일반 공립학교는 부모가 직접 해당 지역의 공립학교로 찾아가 전학을 시켜야 합니다.

Q 미국은 왜 부모 동반이 어렵다고 하는 건가요?

미국은 미성년자 유학생의 부모에게 보호자 자격의 비자를 발급해 주는 국가가 아닙니다. 다만 부모가 학생일 때 미성년자인 자녀에게 동반자 자격으로 동반비자 발급이 가능합니다. 이 비자로 미국 체류는 물론 사립·공립학교 진학이 가능합니다. 엄마 또는 아빠가 학생이 되는 것으로 엄밀히 말하면 '조기유학' 분야가 아닌 '어학연수' 또는 '정규유학'에 해당하는 것이지요. 따라서 조기유학 전문 컨설턴트가 아닌 어학연수, 정규유학 전문 컨설턴트를 통해 유학을 진행해야 합니다. 미국은 타 국가에 비해 학생비자 거절률이 높은 국가로 자녀 동반 시에는 더욱 까다로운 인터뷰를 진행하므로 철저하게 준비해야 합니다.

Q 블루리본학교가 무엇인가요?

정식 명칭은 The National Blue Ribbon Schools Program으로 1982년 만들어진 미국 교육부 프로그램입니다. 학교 내 상위 그룹과 하위 그룹의 학업성취도 격차가 작은 우수한 공립학교와 사립학교가 이 이름을 매년 수상하며, 한번 수상 후에는 5년 동안 재수상할 수 없습니다. 설립 이후 지금까지 약 8,800여 개의 학교가 상을 수여했습니다. 블루리본이 있어야만 좋은 학교라는 생각은 옳지 않습니다. 블루리본이 있다면 학교의 모든 학생들의 성적이 고르게 우수하다는 것으로 이해하는 것이 바람직합니다. 아이에 따라서 이런 환경이 도움이 될 수도 있고, 오히려 단점으로 작용할 수도 있으니 꼼꼼히 따져 아이의 학업 수준에 적합한 학교로 지원해야 합니다.

영국

___

Q 영국은 기숙학교만 있나요?

영국은 매우 독특한 교육 제도와 비자법을 고수하는 국가입니다. 만 11세까지의 아이만 부모가 동반할 수 있으며 16세 이하의 아이들은 아동 학생비자(Child Student Visa)라는 학생비자 내의 또 하나의 분류에 속해 심사를 받습니다. 이때 아이가 기숙사가 아닌 영국 내 지인 집에 거주하거나 홈스테이를 한다면 그 가족에 대한 모든 정보(신분증 및 재정 서류 등)가 비자 서류에 포함되어야 합니다. 학교에서 배정해 주는 홈스테이 역시 매우 까다로운 인증 절차를 거쳐야 해 실제로 아동 학생비자가 필요한 유학생들에게 홈스테이를 옵션으로 제공하는 학교는 드뭅니다. 결국 영국의 비자법은 기숙학교에 진학하게 만듭니다. 또한 영국은 우수한 기숙학교 시스템을 가지고 있어 대부분의 유학생들은 기숙학교를 선택하기도 합니다.

Q 고등 과정은 다 에이레벨인가요?

영국의 에이레벨은 모든 영국 학생들이 수강하는 고등 과정은 아니며 영국 내에서도 대학 진학을 희망하는 학생들이 수강하는 과정입니다. 유학생이 진학할 수 있는 영국의 사립학교는 대부분 대학 진학을 목표로 하고 있기 때문에 에이레벨 과정을 제공합니다. 대학 진학을 위해 국제학교나 IB 디플로마 또는 파운데이션 과정으로 입학할 수도 있습니다.

IB 디플로마는 에이레벨과 동일한 수준의 과정이며, 영국 대학뿐 아니라 전 세계 대학으로 진학할 수 있는 장점이 있습니다. 하지만 영국으로 조기유학을 가서 IB 디플로마 과정을 이수하는 학생은 많지 않습니다.

파운데이션 과정은 영국의 고등 과정이 아닌 국제학생이 영국의 대학을 진학하려면 거쳐야 하는 과정입니다. 12년제의 고등 과정 졸업 후 바로 대학 진학이 불가능해 1년 동안 중간 개념으로 영어와 전공 관련 과목을 배우는 것이지요. 에이레벨보다는 수준이 낮게 평가되어 소위 말하는 옥스브릿지, 임페리얼 대학 등의 상위 대학으로의 입학은 불가능합니다.

Q 과학 고등학교나 의대 준비 전문 고등학교가 있다던데요?

결론부터 이야기하면 그런 특성화 고등학교는 없습니다. 에이레벨이라는 교육 제도의 특성상 전공을 희망하는 학과목 3~4개만 집중적으로 공부하는데, 그 과목들 중에 특정 과목을 강조하는 학교들이 있는 것입니다. 예를 들어 A학교에 수학, 생물 등의 학과목을 이수하는 학생들이 많고, 우수한 성적으로 인해 졸업생 대다수가 의대나 이공 계열로 진학하면 A학교는 '과학고'라는 이름으로 마케팅합니다. 또 다른 예로 B학교에 예술 과목이 매우 세분화되어 있고 포트폴리오 작업을 할 수 있는 시설이 잘되어 있어, 졸업생 대다수가 예술 대학으로 진학하면 B학교는 '예고', '미고'로 마케팅합니다. 따라서 이름이 아닌 그 학교의 제공 과목, 관련 시설, 졸업생의 결과 등을 보고 학교를 선택하는 것이 바람직합니다.

캐나다

Q 밴쿠버와 토론토 외에 다른 지역은 왜 가지 않나요?

외국 학생들이 우리나라로 유학 올 때 서울로 오는지, 지방으로 오는지를 떠올리면 이해하기 쉽습니다. 동일한 학비와 생활비를 투자한다면 조금 더 인프라가 잘 갖추어 있고 학교 선택의 폭이 넓은 지역으로 유학을 가는 것이지요. 광역밴쿠버와 광역토론토에는 공립 교육청 소속의 공립학교와 사립학교가 200여 개가 넘습니다. 또한 캐나다 내의 유명 대학교도 모두 광역밴쿠버와 광역토론토 내에 위치하고 있지요. 외국 학생들을 담당하는 교육청 직원은 물론, 외국 학생들을 위한 프로그램이나 하다못해 한인마트,

은행 내의 한국인 직원, 유학원의 해외 지사까지 모두 밴쿠버 또는 토론토에 위치하는 경우가 많습니다.

Q 자녀 무상이 무엇인가요?

부모 중 한 명이 학업을 할 때 자녀가 공립학교를 무상으로 다닐 수 있는 유학의 형태를 말합니다. 본래 학업이나 일을 하는 부모를 따라서 캐나다에 온 외국 국적의 학생들에게 교육을 제공하는 취지였으나, 최근 몇 년 사이 이를 아이의 유학으로 이용하는 경우가 늘었습니다. 이에 캐나다 공립 교육청들도 조금씩 허용해 주지 않는 분위기입니다. 하지만 여전히 부모 중 한 명이 정규 과정(칼리지 이상)으로 진학하거나 지역에 따라 어학연수를 진행해도 자녀가 무상으로 공립학교에서 공부할 수 있는 곳이 있습니다. 매년 조금씩 변동되고 있으니 가장 최신의 정보를 알고 있는 것이 중요합니다.

Q 크레딧스쿨은 학원인가요?

캐나다의 고등학교는 우리나라와 달리 고등학교 졸업을 위해서 이수해야 하는 필수 학점이 있습니다. 만약 이 학점을 이수하지 못하면 졸업이 유예되는데 만 18세가 되면 더 이상 공립학교에서 공부할 수 없기 때문에 공립 교육청에 운영하는 평생 교육원(Adult Learning Center) 또는 사립학교에서 학점을 이수해야 합니다. 일반 고등학교 형태는 아니지만 고등학교 학점을 이수할 수 있다는 점에서 크레딧스쿨(Credit School)이라는 단어를 쓰기 시작했습니다.

명문 대학교 진학을 목표로 고등학교 3학년 때나 고등학교를 졸업하고 입학해 다시 12학년(고등학교 3학년) 과정을 속성으로 이수하는 학교를 크레딧스쿨이라고 부릅니다. 이 학교에는 일반적인 캐나다 고등학교에서 하는 클럽활동이나 예체능 과목은 없는 경우가 많고 자율적인 분위기에서 대학교 진학을 목표로 공부하는 아이들이 대다수입니다.

07 유학 갈 거니까
우리나라 학교는 그만 보낸다?

　　나라마다 차이는 있지만 조기유학 입학 절차는 최소 3개월에서 최대 2년 전부터 시작합니다. 따라서 입학이 확정되는 시점부터 출국까지는 수개월 이상 남아 있는 경우가 종종 있습니다. 이미 출국을 앞둔 아이는 학교에 가기 싫어하고 부모도 굳이 학교를 보내야 하나 고민합니다. 매번 아침마다 학교 가기 싫다고 하는 아이를 억지로 학교에 보내는 것도 고역이고, 학교에서 하는 시험 대비 공부가 필요 없게 느껴지니 더욱 고민이 되는 것이지요. 이런 고민을 하는 부모에게 저는 학원은 더 이상 다니지 않아도 괜찮지만 학교는 무조건 출국 직전까지 보내라고 말합니다.

　　어느 국가의 학교든 입학 지원을 할 때 제출했던 성적표가 학기 중간 단계의 성적표라는 사실을 알고 있습니다. 즉 모든 학교에서 출국 전 우리나라에서의 마지막 학기 성적표를 필수로 요청하고 있습니다. 특히 중학교 3학년(현지의 9~10학년) 이상의 성적은 현지 학교의 졸업 요건을 갖추기 위한 학점으로 계산되기 때문에 반드시 필요합니다.

결국 해야 하는 공부는 같다

사실 이러한 행정적인 이유보다 우리나라 학교를 계속 다녀야 하는 가장 큰 이유는 따로 있습니다. 유학을 결정한 후 부모와 아이가 흔히 하는 착각은 우리나라에서의 공부는 다 접고 새로운 공부를 준비한다고 생각하는 것입니다. 하지만 전혀 그렇지 않습니다.

각 국가의 학년별 진도의 차이는 있지만 우리나라에서 공부하는 것을 현지에서 영어로 공부한다고 생각해야 합니다. 즉 아이가 우리나라 학교에서 배우는 방정식과 원소 기호, 수동태 문법을 현지에서도 그대로 공부하는 것이지요. 이미 잘 알고 있는 함수 법칙도 영어로 표기되면 어려운 법인데 배우지 않은 내용을 아이가 영어로 처음 접한다면 얼마나 어려울까요? 끝까지 우리나라 학교에서 학업을 놓지 않아야 합니다.

공부 습관을
유지해야 한다

혼히 아이들은 주말을 보낸 후 월요일에 하는 등교를 힘들어합니다. 방학이 끝난 후 학교생활에 적응하는 데도 며칠이 걸리지요. 이미 익숙한 학교생활로 돌아가는 데도 시간이 필요한 이유는 습관이 바뀌기 때문입니다. 우리나라에서도 이럴진대 새로운 환경이라면 더욱 시간이 필요합니다. 때문에 굳이 우리나라에서부터 유학 준비라는 명목으로 휴식기를 가질 이유가 없습니다.

유학 준비에서 가장 중요한 것은 아이의 생활 습관을 흐트러지지 않게 잡아 주는 것입니다. 나아가 자신의 일을 스스로 하는 습관을 연습시켜 주면 좋습니다. 아침에 일어나 학교를 가는 가장 기본적인 것부터 학생마다 다른 교과목 수업에 따라 교실을 이동해야 하는 것까지 모두 생활 습관과 연관이 있습니다. 수업 중간의 긴 쉬는 시간, 자율학습 시간(study period)도 있어 스스로 공부 계획을 세울 줄 아는 것도 중요합니다. 학교를 그만 두어도 일정한 생활 습관을 유지할 수 있는 것이 아니라면 아이가 학교생활을 통해 습관을 유지하도록 해야 합니다.

08 | 유학 가기 전에 무엇을 해야 할까?

교과목에 나오는
영어 단어를 공부해야

유학 초기 적응 기간을 단축시키려면 영어가 중요합니다. 학교 입학이 확정된 후 부모들이 가장 먼저 하는 이야기는 '이제부터는 영어를 시켜야겠어요'입니다. 저도 그 말에 전적으로 동의합니다. 아이는 도착하자마자 만나는 홈스테이 가족 또는 기숙사 사감 교사와 바로 영어로 대화해야 합니다. 학교에서 만나는 친구들, 교사들과도 모두 영어로 소통해야 하지요. 그래서 영어를 잘하는 아이는 그만큼 출발이 수월합니다. 유학생활을 앞두고 보다 효율적으로 영어를 공부하는 방법은 무엇일까요?

제가 만나는 아이들 대부분은 우리나라 외의 다른 국가에서 학교를 다녀 본 경험이 없습니다. 즉 수학, 화학, 물리, 생물, 사회 등을 영어로 배워 본 적이 없습니다. 수학을 예로 들어 보겠습니다.

① Which fraction is the same as 3.08?

② The solution to the inequality 6 - X > -1 is?

위의 문제는 미국 초등학교, 캐나다 중학교에서 배우는 아주 단순한 수준의 문제입니다. 그런데 이 문제를 풀기 어려운 이유는 문제에 나오는 영어 단어를 모르기 때문입니다. 아이가 수학 수업을 영어로 들을 때 함수의 개념을 모르는 것이 아니라 우리나라에서 함수라고 부르고 f(x)라고 썼던 단어가 'function'인지를 몰라 수업을 이해하지 못하는 것이지요. 이 문제에서도 분수가 'fraction'인 것을, 부등식이 'inequality'인 것을 알아야 풀 수 있습니다.

과학도 마찬가지입니다. 과학은 책상에 앉아 이론을 배우기보다 실험 후 그 결과를 바탕으로 보고서를 작성해야 합니다. 이 또한 관련 영어 단어를 아는 만큼 할 수 있는 것이지요. 즉 유학을 앞두고 있다면 남은 우리나라에서의 시간 동안 단순히 생활에서 쓰는 단어가 아닌 교과목에 나오는 영어 단어를 학습해야 합니다.

현지의
역사와 종교를 알아야

영어 외에 제가 아이들에게 꼭 학습하길 당부하는 부분이 있습니다. 유학 갈 국가를 중심으로 한 세계사를 반드시 공부하라는 것입니다. 또 역사 속 종교 상식도 익히라고 당부합니다. 기독교나 가톨릭계의 학교로 진학한다면 종교 상식도 알아 가면 좋습니다.

아이들이 공통적으로 현지에 가서 어려워하는 과목은 역사입니다. 종교계 학교라면 종교학(또는 성경학)도 포함됩니다. 미국, 영국, 캐나다는 그 나라의 역사는 물론 현재의 문화까지도 종교에 많은 영향을 받고 있습니다.

예를 들어 미국의 초등학교 과정에서는 마틴 루터 킹 목사의 업적을 배웁니다. 특히 1월 마틴 루터 킹 데이와 2월 대통령의 날(President's Day)을 거치면서 흑인 인권 운동과 기독교에 대해 자연스럽게 접하게 되지요. 이를 통해 미국의 역사에서 빼놓을 수 없는 노예 해방 선언은 물론 인종차별, 그와 관련된 선거권 등의 주요 사회 변화까지 이해하게 됩니다.

영국 역시 초등학교 고학년 과정부터 역사 수업을 합니다. 예를 들어 1차 세계 대전에 대해 배우고 참전자들을 위한 추모식을 수업시간에 갖는다거나, 1541년 영국 종교개혁가 리처드 힐스가 쓴 편지를 보여 주며 그의 주장에 대해 찬반 토론을 하기도 합니다.

우리나라의 교과 과정에서 배우기 어려운 주제와 익숙하지 않은 수업 방식으로 진행되다 보니 기본적인 배경지식이 없으면 절대 이해할 수 없습니다. 역사를 아는 것은 아이가 일정 기간 동안 거주해야 하는 나라의 현재를 이해하기 위해서도 필요합니다. 우리나라에서 일본과의 축구 시합이 열리면 모두가 한마음으로 응원을 하는 이유가 역사적인 사실에서 비롯하는 것과 같은 이치입니다. 거창하지 않아도 좋습니다. 세계사 책을 읽어도 좋고 만화책 전집을 봐도 좋습니다. 세계사의 큰 줄기를 아이가 알고 유학 가는 것이 무엇보다 중요합니다.

전문 업체와 지인,
어떤 것이 좋을까?

유학경험자가
유학전문가는 아니다

조기유학을 진행할 때 제가 반드시 주의 깊게 생각해 보라고 말씀드리고 싶은 경우가 있습니다. 바로 친척이나 지인에게 아이의 유학을 맡기는 것입니다. 이는 유학 경험이 있는 지인에게 입학 절차를 모두 맡기는 경우와 현지에 있는 지인에게 아이를 보내는 경우로 나눌 수 있습니다.

유학 경험이 있다고 해도 정보가 한정적이고 새로 변경된 부분까지 알지 못하는 경우가 허다합니다. 자신이 유학했던 국가와 졸업한 학교의 프로그램 형태만 알고 있는 경우가 대부분입니다. 국가 또는 학교에 대한 경험 역시 지극히 자신의 입장과 시각에서 판단한 주관적인 내용입니다. 내 아이에게 적용될 수도 있지만, 그렇지 않을 수도 있지요. 학교의 입학 절차, 비자 규정 등의 세밀한 부분은 자주 변동이 있습니다. 저 역시도 최신의 정보를 업데이트하고자 매일같이 공부합니다. 그래도 놓치는 부분이 생기고 그럴 때마다 동료들의 도움과 축적된 경험을 바탕으로 곧바로 수습을 합니다.

반면 전문가가 아닌 사람의 작은 실수는 큰 참사를 불러오기도 합니다. 입학 허가를 받은 후 입학 허가를 받아들이겠다는 서명을 한 레터와 입학 보증금을 송금해야 하는데, 이 일정을 놓쳐 입학 자리가 다른 학생에게 갈 상황에 놓이기도 합니다. 마지막 학기의 성적으로 최종 합격이 결정되는 조건부 입학허가서를 최종 입학허가서로 잘못 해석해 결국 입학하지 못한 사례도 있습니다. 또한 서류나 접수 방법이 변경되었다는 것을 모른 채 진행했다가 비자가 거절되어 저를 찾아오는 부모도 꽤 있습니다.

유학 경험이 있는 선배 또는 선배 부모의 조언은 어디까지나 아이의 유학생활에 필요한 팁 정도로 생각해야 합니다. 저는 우리나라에서 대학을 졸업했지만 지금의 국내 대학 입학 전형을 모두 알고 있지 않습니다. 반면 조기유학을 다녀오지는 않았지만 조기유학 관련 정보와 절차는 누구보다 잘 알고 있습니다.

거주지가 정해지면
선택지가 좁아진다

지인의 집에 아이를 보내는 경우는 학교 선택에 제한이 굉장히 큽니다. 아이에게 적합한 학교가 아닌 그 집에서 통학이 가능한 학교만 고려해야 하기 때문입니다. 미국을 예로 들면 워낙 지역이 넓고 대중교통이 불편해 통학이 가능한 학교 중에 국제학생이 진학 가능한 학교(비자 발급 등의 사유)를 찾으면 1~2개밖에 되지 않습니다. 이 학교를 두고 유학생을 위한 체계적인 ESL 수업이나 유학생 담당 카운슬러가 있는지 실제 유학생들의 후기나 진학 결과는 어떤지 등을 묻는 것은 무의미합니다.

이모나 고모 등 가까운 친척집으로 아이를 보내는 경우가 많습니다. 가까운 형제가 아이의 문제로 부탁을 해 오니 섭섭해할까 봐 거절하지 못하고, 마치 하숙집에 방 하나를 주는 것처럼 간단하게 생각해 수락하기도 합니다. 그러나 미성년자 유학생의 보호자(가디언)가 된다는 것은 아주 큰 책임이 따른다는 사실을 기억해야 합니다. 아이가 문제를 일으키는 경우 보호자 신분으로 학교나 경찰서에 불려가 문제를 해결해야 하고 국제학생의 보호자 교육도 받아야 합니다.

보내는 쪽에서도 신중해야 합니다. 친척이나 지인이 맞벌이 부부라면 집을 비우는 시간이 많을 테고 아무리 아는 사이라도 부모처럼 세심하게 마음을 쓰지 않는다는 것만은 꼭 염두에 두세요. 친척집이라고 해서 홈스테이 비용을 안 준 것도 아닌데 막상 아이가 불편해하는 부분이 생기거나 엄마로서 원하는 부분이 생겨도 제대로 요구하기 어렵습니다. 가까운 사이라서 처음부터 서로의 기대치나 의무 등에 대해 합의하지 않은 경우가 대부분이기 때문이지요. 결국 속만 끓이다가 관계가 틀어지는 최악의 상황이 발생하기도 합니다.

안전의 의미를
다시 생각해야

이런저런 사례들을 많이 접해도 부모가 친척 또는 지인 집에 아이를 보내고자 하는 가장 큰 이유는 바로 안전 때문입니다. 아이를 생판 모르는 남, 그것도 외국인 가정에 맡겨야 한다니 그보다는 안심할 수 있는 사람에게 보내고자 하는 것이지요. 하지만 이것은 부모의 안정을 위한 것이지 아이의 안전에 도움이 되는 방법은 아닙니다.

대부분의 국가에서 미성년자 유학생의 홈스테이 가정이 되려면 까다로운 절차를 거쳐야 합니다. 홈스테이 가정 모집 공고를 보고 지원서를 작성하면 학교나 홈스테이 전문 업체에서 서류를 심사하고, 가족 구성원 모두의 범죄 기록 사실과 납세 여부 등을 확인합니다. 서류에 통과한 가정의 집을 담당자가 직접 방문해 실제로 유학생이 와서 지낼 수 있는 필수 조건을 갖추었는지도 확인합니다. 이때 필수 조건은 아이가 혼자 쓸 수 있는 방, 침대, 책상, 옷장이 있는지 또 아이에게 식사를 제공해 줄 수 있는지 등입니다.

대부분의 홈스테이 가정은 돈보다 외국 학생과 내 아이가 함께 지내는 것에 의미를 둡니다. 따라서 그 지역에서 같은 학교를 다니는 아이를 둔 가정이 많은 편입니다. 때로는 아이가 지낼 학교의 교직원이 호스트이기도 합니다.

아이들은 호스트 가족과의 갈등을 자주 겪습니다. 아이가 처음에는 영어로 자신의 의견이나 감정을 표현하는 데 익숙하지 않아 갈등이 더 심화되기도 합니다. 그러나 생각해 보면 홈스테이라서 갈등이 일어나는 것은 아닙니다. 나를 낳아 준 부모와 살아도 이런저런 갈등이 많으니까요. 결국 어떻게 해결해 나가는지가 관건입니다. 엄마가 해결책을 찾는 것보다 학교나 전문 업체에 해결책을 요청하는 것이 훨씬 빠르고 효율적입니다. 또 그런 과정에서 아이의 언어가 발전하고 마음도 성장합니다.

10 | 어떤 유학원을 선택할까?

포털사이트에서 유학원을 검색해 보면 결과는 몇 개가 나올까요? 20개씩 노출되는 유료 광고 영역만 70페이지 가까이 되고 위치를 '강남구'로 좁혀도 61페이지가 나옵니다. 유학원을 선택할 때 반드시 체크해야 하는 것들을 알아봅시다.

아이 중심 컨설팅과
꾸준한 정보 업데이트

가장 먼저 컨설턴트가 아이에 대해 질문하는지, 아이에 대해 진심으로 관심이 있는지를 살펴봐야 합니다. 조기유학은 전공하고자 하는 분야가 이미 정해져 있는 성인의 유학과 다릅니다. 국가부터 학교 및 프로그램이 매우 다양합니다. 어느 한 프로그램의 특징이 어느 아이에게는 단점이 되기도 하고 또 다른 아이에게는 장점으로 작용하기도 합니다. 따라서 아이의 학업 역량은 물론이고 개인적 성향, 생활 패턴, 진로 희망 분야 등을 고려한 종합적인 컨설팅이 필요합니다.

조기유학 프로그램은 계속 발전하며 변화하고 있습니다. 글로벌 교육 트렌드에 민감하게 반응하며 끊임없이 학습해야만 정확한 정보로 최상의 컨설팅을 해 줄 수 있습니다. 조기유학, 해외 영어캠프만을 전문으로 하는 컨설턴트들로 이루어진 팀이 있는 유학원을 선택해야 합니다. 꾸준히 새로운 트렌드, 입학 제도, 비자법 등을 공부하는 유학원을 선택해야 합니다. 또한 정기적으로 각 나라의 학교들을 방문해 학교 담당자들과 직접 만나 최신 유학 정보와 학교 정보를 업데이트하는 유학원이라면 믿을 만합니다.

응급상황 대처 능력과
재무 안정성

또한 국내외에서 응급상황이 발생할 때 어떻게 대응하는지 꼭 확인해야 합니다. 조기유학은 아이의 진로와 연계되어 짧게는 1년에서 길게는 10년까지도 이어집니다. 따라서 우리나라에서 준비하는 과정뿐 아니라 현지에서 유학생활을 하는 과정 모두 중요합니다. 담당자가 개인적인 사정으로 부재해도 모든 과정에 대해 체계적이고 책임 있는 관리가 이루어지는지 확인해야 합니다. 아이가 현지 생활에 적응하도록 초기 도움을 줄 수 있는 현지 지사가 있다면 더욱 좋습니다. 지사가 없다면 안전, 학업, 생활 등 전반적인 부분에서 충분한 지원이 가능한 학교와 프로그램을 검증해 컨설팅하는지를 확인해야 합니다.

마지막으로 사업의 안전성을 확인해야 합니다. 몇 해 전 국내 유명 유학원이 한순간에 문을 닫았습니다. 그 후 작은 업체들도 줄줄이 폐업을 했습니다. 당시 저는 물론 직원들 모두 적잖이 놀랐는데 무엇보다 안타까웠던 것은 유학원을 통해 학비를 납부했던 고객들이 보상받을 길이 없다는 것이었습니다. 그들에게 학비는 돈 이상의 미래이자 꿈이었을 텐데 말이지요.

최근 코로나 팬데믹 사태를 거치며 재무가 불안정해진 국내외 유학원이 늘었습니다. 유학원의 재무 안전성을 비중 있게 살펴봐야 합니다. 고객이 직접 학교로 학비를 납부하도록 안내하는지 살피고 유학원을 통해 학비를 송금한다면 학비가 당일에 바로 송금되는지 확인하길 바랍니다.

5장

이런 경우
100% 실패한다

아이 몰래
아빠 몰래 보내는 경우

　　"아직 아이는 몰라요. 일단 다 해 놓고 가라고 해야죠.", "아빠는 반대하지만 일단 어떻게든 보내려고요."

　유학 결정을 앞두고 아이 몰래 또는 아이 아빠 몰래 진행하고자 하는 엄마들이 종종 있습니다. 유학을 가는 주체가 아이고 아이 인생의 큰 변화인데 정작 당사자를 빼놓고 진행하다니요? 절대 반대합니다. 물론 조기유학을 고민하고 어떤 과정이 있는지를 알아보는 단계에서 엄마 혼자 상담받는 것은 괜찮습니다. 하지만 그 단계를 넘어 아이의 성적표를 들고 찾아와 아이 몰래 진행하겠다고 하는 것은 바람직하지 않습니다.

　조기유학을 보내고자 한다면 조기유학 국가나 프로그램을 아이와 함께 알아보고 아이가 의견을 이야기하도록 해야 합니다. 진행 과정마다 직접 아이가 참여하면 다양한 고비들을 헤쳐 나가는 힘도 배우게 됩니다. 반드시 아이에게 먼저 이야기하고 모든 과정을 함께해야 합니다.

아이에 대한
신뢰가 없다면 보류해야

"유학 보내 준다고 하면 마음이 붕 떠서 제대로 공부도 안 하고 시험도 망칠 거 같아서요." 끝까지 아이 몰래 진행하고자 하는 엄마들의 속마음입니다. 아이에 대한 신뢰가 없는 상태입니다. 조기유학의 진행 과정은 짧게는 3개월에서 길게는 2년까지 걸립니다. 그 기간 동안 아이가 유학을 간다는 이유만으로 학교 공부에 소홀해지거나 학교에 가고 싶어 하지 않는다면 아직 아이는 조기유학을 갈 준비가 되지 않은 것입니다.

유학을 가면 우리나라에서보다 더 어려운 학습이 기다리고 있다는 사실을 알아야 합니다. 우리나라에서 자기 조절이 안 된다면 유학 중의 생활 역시 관리할 수 없습니다. 아이가 변화하는 상황에 스스로 적응할 수 있다는 신뢰가 생길 때까지 유학을 보류하는 것이 맞습니다.

아빠의 동의가 없으면
생기는 부작용

아이와 엄마는 같은 마음이지만 아빠가 모르거나 아예 반대하는 경우도 더러 있습니다. 조기유학은 아이의 의지, 엄마의 정보력, 아빠의 경제력이라는 삼박자가 맞아야만 가능하다는 우스갯소리가 있습니다. 그만큼 현실적인 경제 요건이 중요하며 결국 아빠의 합의가 필요합니다. 막무가내로 유학을 진행하다가 아빠의 반대에 못 이겨 중단하면 아이는 유학을 준비하기 전보다 더 심한 좌절감을 느낍니다. 부모와의 관계가 틀어지거나 아이가 공부를 하지 않는 부작용이 발생하기도 하지요.

엄마와 아이가 우기고 우겨 반대하는 아빠를 말 그대로 '끌고 와서' 상담을 하는 경우도 있습니다. 억지로 상담실에 앉아 있는 아빠는 제가 무슨 이야기를 해도 부정적인 의견을 표출하고 엄마는 그런 모습에 화가 납니다. 때로는 아예 묵묵부답으로 일관하는 아빠의 모습에 엄마는 아이의 일에 그렇게 무관심하냐고 쏘아붙여 결국 저와 아이 앞에서 싸움으로 번지기도 하고요.

가끔은 결국 엄마가 이겨서 조기유학을 진행하기도 하는데 그럴 경우 아빠도 허락을 해 준 만큼 반드시 아이를 한 마음으로 응원하고 지지해야 합니다. "우리나라에서 학원 뺑뺑이로도 안 됐는데 다른 나라 가서 배운다고 얼마나 배우겠어"라는 아빠의 말로 아이가 실망감을 안은 채 도전을 시작하게 하지 마세요.

아무리 아이가 원해서 하는 유학생활이라도 초반에는 분명히 어렵고 예기치 못한 상황들이 닥칩니다. 이럴 때 엄마 아빠로부터 충분하게 지지를 받으며 정서적으로 안정감을 느끼는 아이들은 자신이 처한 상황을 솔직하게 이야기합니다. 힘들고 어려운 일이 있을 때 다른 사람이 아닌 부모와 우선 고민을 나누고 조언을 구하며 이겨 낼 수 있는 힘을 얻어야 합니다.

한 부모 가정에서는 조기유학에 가려면 친권자 모두의 동의가 필요하다는 사실에 유의해야 합니다. 친권이 부모 양쪽에게 있는 경우 부모 한쪽이 혼자 학교 등록 서류 및 비자 서류 등을 준비하다가 곤란해지는 경우가 종종 있습니다.

02 | 엄마의 분리불안이 심한 경우

"우리 아이는 엄마 없이 자는 것을 불안해해요."
서은이 엄마가 가장 먼저 저에게 했던 말입니다. 아이가 초등학교 고학년이 되면서 영어캠프를 다녀오는 친구들을 보고 서은이가 먼저 관심을 보였지만, 아직은 아이가 엄마와 떨어지는 것을 두려워한다고 했습니다.

영어캠프에서 매일 엄마와 통화해야 한 초5 서은이

캠프가 진행되는 3주 내내 서은이 엄마는 하루도 빼놓지 않고 매일 아침저녁으로 저에게 연락하며 서은이가 잘 지내고 있을지 걱정했습니다. 아이들과 함께 출국한 인솔자가 캠프에 참여하고 있는 아이들의 부모에게 매일 아이들의 사진과 영상을 전달했는데도 말이지요. 캠프 기간 동안 아이들이 휴대폰을 모두 반납했기 때문에 인솔자를 통해서만 통화가 가능했는데, 서은이 엄마는 서은이와의 통화를 매일 요청했습니다.

엄마와의 통화로 매일 아침을 시작하던 서은이는 캠프 시작 4일이 지나자 잘 지내고 있다고 이야기해 달라고만 하며 통화를 굳이 하려고 하지 않았습니다. 서은이는 엄마와 통화하는 시간에 기숙사에서 새로 만난 친구들과 놀고 싶다고 했습니다. 서은이 엄마는 서은이가 통화를 하려 하지 않는다는 인솔자의 말을 받아들이지 못했습니다. 서은이가 심적으로 무슨 문제가 있는 것은 아니냐며 내내 걱정하며 불안해하더니 눈물을 터뜨렸습니다. 결국 인솔자가 서은이를 설득해서 매일 저녁 엄마랑 통화하는 시간을 만들어 엄마를 달래 주는 수준에 이르렀지요.

아이가 아닌
엄마의 분리불안이 문제

분리불안이라는 것은 본래 생후 6~7개월에 시작되어 약 3세 이하의 아이들이 겪는 심리 상태를 말합니다. 아이가 엄마와 떨어지는 것에 불안을 느껴 잠시도 떨어지지 않으려고 하는 것을 분리불안이라고 합니다. 그런데 제가 만나는 많은 부모, 특히 엄마들은 아이와 떨어지는 것에 아이보다 더 굉장한 불안을 느낍니다. 아이가 워낙 엄마를 계속해서 필요로 하기 때문에 걱정이 된다고는 하지만, 실제로는 '우리 아이는 내가 아니면 할 수 없다'라는 엄마의 생각에서 비롯된 불안인 경우가 많습니다.

대답도 문제상황 해결도 엄마가 대신해 준 중1 강희

몇 해 전 1년의 유학생활도 채 하지 못하고 돌아온 강희가 바로 그런 경우입니다.

"아직 너무 어린데 저 없이 지낼 게 너무 걱정이 되어서요." 강희 엄마가 유학 입학 과정을 진행하는 동안 몇 번이고 했던 우려의 말입니다. 아이와 단 하루도 떨어져 본 적이 없다는 강희 엄마는 전화 상담과 대면 상담을 몇 시간씩 몇 번이나 하고도 결정까지 꼬박 1년의 시간이 걸렸습니다.

서울에서 거리가 있는 지방에 거주하고 있어 입학을 진행하는 동안 저는 강희를 만날 기회가 없었습니다. 출국을 몇 주 앞두고는 꼭 좀 시간을 내서 강희와 만나게 해 달라고 요청해 출국 준비 겸 만날 수 있었습니다. 하루를 어떻게 지내고 있는지, 학교생활이나 기숙사에 대해 궁금한 것은 없는지, 단순히 오늘 몇 시에 일어나서 무엇을 타고 왔는지 등을 물어볼 때마다 강희는 쑥스러운 듯 웃으며 엄마를 쳐다봤습니다. 그럼 엄마가 강희를 대신해 대답을 했습니다. 강희 엄마가 대신하는 것은 대답뿐이 아니었습니다. 유학생활에 필요한 준비물을 챙기는 것부터 비행기에서 먹을 간식까지 소소한 것 하나하나 저에게 물어가며 준비했습니다. 강희에게 제 연락처를 알려 주었지만 단 한 번도 저에게 직접 연락한 적은 없었습니다.

강희 엄마의 불안은 강희가 비행기를 타고 떠나 더 이상 시야에 있지 않자 더욱 커졌습니다. 강희 엄마는 매일같이 제게 전화했습니다. 아이가 출국 후에 도착할 시간이 되었는데 연락이 없다는 것부터 시작해서 과제가 무엇인지 알아듣지 못한 것, 기숙사 건조기 사용법을 알려 달라는 것, 기숙사에 있는 식빵 하나가 곰팡이가 생겨서 아침을 먹지 못했으니 식빵을 바꿔 달라는 요청까지 저에게 했습니다.

강희는 소소한 일상의 어려움이 발생하면 엄마에게 요청하는 것이 당연했고 강희 엄마 역시 아이보다 더 크게 반응하며 나서서 해결해 주려고 안간힘을 썼습니다. 사실 강희 엄마가 해 줄 수 있는 해결은 저에게 전화를 해서 학교로 연락해 달라는 것이었지만요. 이렇게 반복되는 패턴은 도저히 나아질 기미를 보이지 않았고 결국 강희도 강희 엄마도 지쳐 유학생활을 포기했습니다. 그 결정을 지켜보며 저 역시도 마음이 편치 않았습니다. '입학 과정 내내 불안해하던 강희 엄마였는데 내가 조금 더 냉정하게 판단해서 유학을 보류하도록 해야 했을까' 하는 생각이 들었지요. 불안해하는 부모에게는 희망적인 내용을 전하면서 용기를 주는 것이 저의 역할이라고 여겼던 생각이 바뀐 계기이기도 합니다.

부모의 담대한
마음이 필수

조기유학을 떠난 아이들은 다른 아이들보다 조금 더 빨리 모험을 경험하며 그 속에서 시행착오를 겪습니다. 아이들은 의외로 이 과정을 잘 견디고 헤쳐 나갑니다. 오히려 엄마가 견디지 못하는 것이 문제입니다.

물론 먼 타지에 아이를 보내는 것은 쉽지 않은 일입니다. 걱정과 불안이 생기는 것이 당연합니다. 때문에 유학생 부모는 아이보다 더 담대한 마음가짐이 필요합니다. 아이와 떨어져 불안이 생기더라도 그 감정을 다스릴 줄 알아야 하며, 아이가 작은 실수나 실패를 해도 스스로 극복할 수 있도록 격려하고 기다려 줄 수 있어야 합니다. 아이는 결국 스스로의 삶을 살며 스스로를 지켜 내는 사람으로 성장해야 합니다. 엄마가 아직은 그렇게 하지 못하겠다면 유학을 보낼 때가 아닌 것입니다.

03 | 빚내서 보내는 경우

보상심리를 경계하라

아이를 위해 조기유학을 선택한 모든 부모는 아이에게 갖는 기대가 있습니다. 이 기대는 대개 부모가 아이를 위해 자기 자신을 희생했다는 생각이 강할수록 커집니다. 일종의 보상심리인 것이지요.

엄마의 희생이 독이 되어 중도포기한 중2 민석이

"부모님은 저를 위해 희생하고 계세요. 집이 사실 여유가 있지 않아요. 그래도 저를 위해 유학을 보내 주신 건데… 다른 애들보다 제가 더 잘해야 하는데… 그래야 엄마도 좀 덜 힘드실 텐데… 엄마에게는 말하지 말아 주세요."

학교에서 잦은 결석이 문제가 된 민석이와 통화했을 때 아이가 한 말입니다. 계속해서 두통과 불면증에 시달리고 있고 잠을 제대로 자지 못하니 몸이 힘들어서 수업을 빠지게 되었다고 했습니다. 민석이는 우리나라 학교에서 아주 모범적이고 성적도 우수한 편이었기에 가서 이런 어려움을 겪으리라고 예상하지 못했습니다. 결국 현지 학교에서 민석이의 건강을 염려해 귀국을 권고했고 중도 포기하고 돌아오게 되었습니다.

부모가 너는 꼭 잘해야 한다고 말로 하지 않아도 무리하게 희생하는 부모의 모습만으로도 아이는 잘해야 한다는 부담이 생길 수 있습니다. 처음 겪는 유학생활에서 아이는 실수하고 작은 실패들을 경험합니다. 하지만 부모의 희생이 과한 경우 그때마다 굉장한 죄책감을 느끼며 스스로를 괴롭게 만들기도 합니다.

자잘한 지출도 용납되지 않았던 고2 소영이

형편보다 무리해서 아이를 보낸 부모는 아이의 유학생활 중에 발생하는 소소한 지출에도 예민해지는 모습을 자주 보이곤 합니다. 아이가 쓰는 자잘한 용돈에도 쓸데없는 지출이며 이런 지출이 학업을 방해하는 것들 때문이라고 아이에게 잔소리를 합니다.

하지만 아이도 친구들과 주말에 영화를 보고 외식을 하고 쇼핑도 하는 삶을 살아야 하지 않을까요?

고등학교 졸업을 앞두고 있는 소영이는 졸업 이후 현지 대학에 진학하지 않고 우리나라로 돌아오기로 결정했습니다. 소영이 엄마는 홀로 소영이를 키우면서 어렵게 조기유학을 보낸 경우였는데, 남들보다 더 좋은 환경에서 아이를 공부시켜야 한다는 생각이 무척 강했습니다. 어느 국가와 어느 지역, 어느 학교가 제일 '좋아 보이는지'가 국가 및 학교 선정의 우선순위였습니다. 다행히 학업 성적이 우수했던 소영이는 입학 시 일정 금액의 장학금을 받고 들어갈 수 있었습니다. 하지만 유학생활은 쉽지 않았습니다.

소영이 엄마는 계획된 1년의 학사 일정에 맞춰서 아이가 방학 때 쓸 항공권을 가장 저렴한 가격으로 미리 구입했습니다. 간혹 학사 일정이 변경될 때는 비행기표 변경이 어려워 소영이는 학교에 사정을 말하고 기존의 날짜에 귀국하곤 했습니다. 때론 현지에 새벽 시간에 도착하는 저렴한 항공권을 이용했기에 홈스테이 가정에게 무리한 픽업을 요청하기도 했습니다. 그렇지 않으면 소영이가 공항에서 몇 시간씩 시간을 보내기도 했습니다. 토플 등의 공인 영어 시험을 보는 날에는 시험 접수비와 이동비 등이 발생하니 소영이 엄마는 왜 한 번에 원하는 점수가 나오지 않는 것이냐며 소영이를 다그치기도 했습니다.

소영이 엄마는 자신이 소영이를 위해서 많은 희생을 하고 있으니 소영이도 공부할 때 그만큼의 노력은 해야 한다고 생각하는 것 같았습니다. 마치 부모가 아이를 위해 하는 헌신이 아니라 투자를 한 만큼 보상을 원하는 거래와 같아 보였습니다. 아이는 부모의 투자 목적을 달성할 도구가 아니라는 것을 되새겨야 합니다.

조기유학은 장기전이다

조기유학은 보통 1년 남짓인 어학연수나 2~4년 정도인 성인 유학과는 달리 장기전입니다. 현재의 상황에서 중고등학교 졸업 때까지를 고려한 예산 측정이 필요합니다. 나아가 졸업 이후의 대학 진학도 예상 범위에 넣어야 합니다. 제가 지켜본 사례 중 가장 안타까운 경우가 아이의 의지와 상관없이 우리나라에 돌아와야 할 때입니다. 특히 학업 중간에 돌아오면 국내 학교로 전학했을 때 수업에 적응을 못하거나 심리적으로 위축되는 무기력한 모습을 보입니다. 조기유학은 부모도 아이도 보다 나은 삶을 살기 위해 하는 선택입니다. 이 선택으로 오히려 괴롭고 힘들다면 차라리 보내지 않는 것이 낫습니다.

04 | 인성과 태도를 배우지 못한 경우

드라마 〈스카이 캐슬〉을 기억하나요? 극중 예서에서는 성적은 전교 1등이지만 학교 선생님을 비롯해 자신과 생각이 다른 주변 어른들을 무시했습니다. 예서 엄마도 크게 다르지 않았습니다. 1등을 위해서라면 무슨 짓도 서슴지 않는 예서 엄마를 보며 참 현실과 닮았다는 씁쓸한 생각을 했습니다.

홈스테이 가정을 바꿔야 유학을 보내겠다는 채림이 엄마

몇 해 전 여름 당시 2년 차 주임 컨설턴트가 당혹스러운 표정으로 저에게 다가와 도대체 이런 경우는 어떻게 해야 하냐고 물었습니다. 미국으로의 출국을 2주 정도 앞둔 채림이 엄마가 배정받은 홈스테이의 정보를 보고는 아이를 이 가정으로 보낼 수 없다면서 화를 내고 있다고 했습니다. 홈스테이를 변경해 달라고 요구하며 그렇지 않으면 유학을 취소할 테니 이미 납부한 학비를 환불해 달라고 하는 상황이었습니다. 채림이가 지낼 호스트 가정을 새로 찾는 것은 생각보다 쉽지 않은 과정이라 며칠 만에 될 리가 없었습니다. 또한 채림이는 이미 비자까지 모두 수령한 후라 단순 변심으로 인한 학비는 환불되지 않으니 도무지 어떻게 답변을 해야 할지 모르겠다며 저에게 조언을 구했습니다.

배정된 호스트 가정을 살펴보니 다른 호스트 가정과 비교했을 때 특이점이 전혀 보이지 않았습니다. 우선 차분하게 호스트 가정이 마음에 들지 않는 이유에 대해서 묻고 문제를 해결해 보기로 했습니다. 그런데 이유를 듣고 저는 '채림이 엄마는 아직 채림이를 유학 보내면 안 되는 것일까' 하는 불안이 들었습니다. 저는 주임 컨설턴트에게 유학생으로서 홈스테이를 하며 가져야 하는 마음가짐과 태도에 대해 명확하게 이야기할 것을 조언했습니다.

채림이 엄마가 출국 직전 호스트 가정의 변경을 요청했던 이유는 호스트 가정 정보 뒤에 제공되는 홈스테이를 하며 지켜야 하는 규칙 때문이었습니다. 내용은 다음과 같습니다.

'학생은 자신의 방을 스스로 정돈해야 하며, 화장실 사용과 샤워 후 깨끗이 치워야 한다. 또 학생은 가족 구성원의 일부로 설거지, 집 청소, 재활용 분류 등을 함께할 수도 있다.'

홈스테이 가정은
내가 돈 주는 사람들이 아니다

채림이 엄마는 "엄마인 나도 아이에게 청소하라고 시키지 않는데 돈을 지불하고 사는 그 집에서 왜 청소를 시켜요?"라며 상당히 불쾌해했습니다. 채림이 엄마만 유난히 무례한 사람일까요? 사실 제가 만나는 상당수의 엄마 아빠들은 호스트 가정을 '내가 돈을 지불하고 아이에게 음식과 잠자리를 제공하는 사람들'이라고 생각하는 경향이 있습니다.

아이가 호텔에서 단기간 지내는 여행과 유학은 전혀 다릅니다. 특히 미성년자 아이가 현지에서 지내는 호스트 가정은 대부분 아주 평범한 가정입니다. 대부분의 호스트 가정은 생계를 위해 돈을 벌고자 국제학생을 호스트하는 것이 아니라 국제학생과 지내는 경험을 자녀에게 제공해 주기 위해 홈스테이 가정에 지원합니다.

배정된 국제학생이 가족 구성원의 일부가 되기를 원하며 그렇기 때문에 그들의 자녀에게 요구하는 것을 유학을 온 아이에게도 그대로 요구합니다. 이는 가정의 문화에 따라 다르겠지만 대부분 자기 방 청소, 함께 쓰는 공간인 욕실 정리, 주방의 뒷정리, 늦은 시간까지 깨어 있지 않기, 저녁 식사가 늦는다면 미리 연락하기, 분리수거, 바닥 쓸기 등입니다.

이 모든 것은 함께 지내는 가족 구성원을 배려하는 마음에서 시작되는 행동입니다. 홈스테이 가정뿐 아니라 기숙사에서 다른 친구들과 지낸다고 해도 위의 내용은 동일하게 지켜야 합니다. 룸메이트가 어느 국적인지 목소리가 큰지 어떤 간식을 가지고 와서 냄새를 나게 하는지를 따지기 이전에 먼저 배려하는 마음을 가지고 절충점을 찾아가는 태도가 필요합니다.

경고 레터를 받고 문제아가 된 고2 하정이

2년 전 또 다른 저희 팀 컨설턴트의 학생이 학교로부터 경고 레터(Warning Letter)를 받아 모두가 놀랐던 적이 있습니다. 단순히 규칙을 어겨 받는 벌의 개념이 아니라 학교장 직인이 찍힌 매우 단호한 공식 레터였습니다. 더구나 이 레터를 받은 하정이는 우리나라에서는 물론 현지에서도 학업 성적이 좋은 소위 모범생이었기에 더욱 놀랐습니다.

레터에는 하정이가 학교 선생님에게 보였던 태도와 그 후에 했던 행동에 대해서 학교는 매우 강경하게 대응할 것이며 한 번 더 이런 경우가 발생하면 정학 조치를 하겠다는 내용이 있었습니다.

상황을 파악해 보니 하정이는 성적이 좋은 과목 하나를 일반 고등학교 과정이 아닌 조금 더 수준이 높은 고급반으로 옮기고 싶어 했습니다. 하지만 이 과목은 고급반으로 가기 전 단계가 반드시 필요한 과목이라 학교에서는 허가해 주지 않았던 것이지요. 그리고 과목 선생님도 하정이의 수준으로는 그 과정을 이수하기 어려울 것이라고 판단했습니다. 이를 받아들이기 어려웠던 하정이는 자신은 고급반으로 가기에 충분한 역량을 가지고 있지만 동양인이기 때문에 그 수업에 들어가지 못하는 차별을 당하고 있다는 글을 온라인에 게재했습니다. '인종차별'이라는 주제에 매우 민감한 현지에서 상황은 걷잡을 수 없이 커졌습니다.

예의 있게 말하는 법을
가르쳤는지 돌아보라

교사의 뜻과 판단에 반발하며 온라인에 왜곡된 사실을 유포한 하정이의 이야기가 굉장히 익숙하게 느껴지지 않나요? 이 모습은 요즘의 학교 모습과 닮아 있습니다. 학생이 버젓이 교실 한가운데 책상에 엎드려 자도 깨울 수 없고, 교사가 학생의 손바닥을 때리기라도 하면 동영상으로 촬영되어 온라인에 여과 없이 올라갑니다. 나아가 학생이 교사에 욕설을 하거나 물리적인 가격을 가하기까지 합니다.

우리 아이가 교사, 나아가 어른들에 대한 예의가 있는지를 돌아봐야 합니다. 나아가 내가 아이에게 사람에 대한 예의를 중요하게 가르쳤는지 꼭 돌아보길 바랍니다.

하정이는 책을 보고 정답을 쓰는 것은 배웠지만 교사에게 가져야 하는 예의는 배우지 못했습니다. 우리나라에서는 모범생으로 평가되었지만 미국에서는 '매우 문제 있는 행동을 한 학생'으로 표기되었습니다. 물론 하정이라는 사람에 대한 판단이 아닌 하정이가 한 '행동'에 대한 판단이었지만 그 후로도 하정이는 쉽지 않은 유학생활을 지속했습니다.

하정이도 마음에 상처를 받았을 것이라 생각하니 참 안타까웠습니다. 더 높은 반으로 가고자 하는 욕심 이전에 예의를 갖춰 자신의 의견을 말하는 법을 먼저 배웠다면 어땠을까요? 지금 생각해도 많은 아쉬움이 남는 학생입니다.

도피성으로
보내는 경우

영어라도
배워 오겠지?

"우리나라에서는 도무지 답이 없어요. 보내면 거기서 영어라도 배워 오겠죠. 뭐…." 우리나라에서 1등도 꼴등도 아닌 중간쯤 되는 아이들의 부모가 상담을 요청하면 주로 이렇게 말합니다. 영어권 국가의 대학을 나오면 우리나라에서 대학을 나온 것보다 훨씬 나을 것이라는 막연한 기대감으로 조기유학을 선택하고자 하는 것이지요. 오로지 영어권 국가에서 대학 학위를 취득하려는 목적으로만 조기유학을 선택하고자 한다면 한 번 더 생각해 봐야 합니다. 이제는 소위 말하는 외국물 먹고 온 사람이 무조건

잘된다는 보장이 없기 때문입니다. 외국 대학의 학위가 있다면 누구든 알아 주고 취업도 잘되던 시대는 이미 지났습니다. 영어도 마찬가지입니다. 우리나라에서 공부한 사람들 중에도 영어를 수준급으로 구사하는 사람들이 많습니다. 영어 하나를 위해서라면 해외까지 나갈 필요가 없습니다.

그저 현재를
피하고 싶은 경우

어느 국가를 가고 싶은지 왜 가고 싶은지를 물으면 어디든 좋다고 말하는 아이들이 있습니다. 이런 아이들은 대개 상담은 물론 입학 진행에도 매우 적극적이라 자칫 겉으로 보기에는 열정이 넘치고 의지가 강해 보입니다. 하지만 좀 더 상세히 물으면 단순히 우리나라에서의 공부가 싫어서, 부모의 간섭에서 벗어나고 싶어서, 외국에서 살면 자유롭고 멋있게 살 수 있을 것 같아서라고 말합니다.

조기유학은 문제의 해결책이 아닙니다. 우리나라가 싫은 근본적인 이유가 무엇인지를 파악하고 그것이 정말 조기유학을 통해서 해소가 될 수 있는 것인지 면밀하게 따져 봐야 합니다. 무엇보다 아이가 자신이 원하는 것을 실제로 잘해 나갈 근성과 행동력이 있는지도 확인해야 합니다. 그렇지 않으면 원하는 것을 얻지도 못한 채 허송세월만 보내다 돌아올 가능성이 높습니다.

다양한 핑계를 대지만 결국 공부 자체를 하기 싫어서 조기유학을 간 아이는 입학 후 수업과 생활에 적응을 못하고 중도 귀국합니다. 영어로 현지 아이들과 공부를 하려면 초반에는 우리나라에서 공부하던 것 이상의 노력이 필요하기 때문입니다.

부모의 기대와 잔소리 속에서 살다가 유학을 가서 자유를 과하게 맛보는 아이들도 많습니다. 학교 수업이나 과제에 소홀한 채 친구들과 놀며 시간을 허비하기도 합니다. 조기유학이 진정한 기회가 되려면 우리나라에서 지낼 때보다 훨씬 더 어려운 과제를 풀어야 한다는 것을 기억해야 합니다. 그 기간을 참고 버틸 근성이 반드시 필요합니다. 그저 지금 내가 처한 현실이 싫다는 이유 하나로 조기유학을 선택하는 것은 절대 추천할 수 없습니다.

부모가 포기하듯
유학을 보내는 경우

제가 아이들을 만나는 동안 가장 가슴 아프고 마음이 힘들었던 적이 있습니다. 상담부터 출국까지 3개월이 안 되는 급한 일정으로 입학 절차를 진행해 출국한 민수의 일입니다. 민수는 뉴질랜드에 도착하자마자 바로 우리나라로 돌아오고 싶어 했습니다. 현지의 가디언에게 다시 돌아가게 해 달라고 애원을 하고 화도 내며 제게 하루 종일 연락했습니다. 가디언이 직접 민수를 만나 아무리 타일러도 이야기를 듣지 않고 무조건 돌아가겠다고만 했습니다. 그 며칠 동안 학교도 출석하지 않고 방 안에서만 지냈는데 혹여 극단적인 행동을 할까 염려되어 홈스테이 가족이 민수를 거부하는 상황까지 되었습니다.

미성년자인지라 부모의 귀국 동의가 있어야만 혼자 비행기를 타고 학교 중단 절차도 진행할 수 있었는데 민수 부모님은 민수의 귀국을 반대했습니다. 아이의 현재 상태에 대해서 아무리 이야기해도 민수 아빠는 저의 연락을 무시했고 엄마 역시 그냥 민수를 설득해 달라고만 했습니다. 정말 몇 날 며칠을 민수와 부모 사이를 오가며 설득한 끝에 결국 민수는 돌아왔고 저는 그 사이에 민수가 우리나라에서 이런저런 사고들을 치고 학교에 처벌까지 받은 아이였다는 사실을 알게 되었습니다.

지금도 가끔 민수를 생각하면 가슴이 먹먹해집니다. 부모가 민수를 포기하고 뉴질랜드에 보내 버렸다고 느낄 수밖에 없었습니다. 워낙 극단적인 사례지만 실제로 부모가 아이를 포기하듯이 보내는 유학은 종종 있습니다. 어린 나이에 우리나라에서 말썽을 피우거나, 부모와의 갈등의 골이 너무 깊어 보내기도 합니다. 대부분 우리나라에서 공부에 흥미가 있던 아이가 아닌지라 영어를 제대로 구사하지 못하고 비슷한 처지의 한국 아이를 찾아 붙어 다닙니다. 물론 가디언이 있거나 관리형 프로그램으로 진행하지만 부모도 포기한 아이인데, 남의 말은 들을까요?

그나마 우리나라로 돌아오겠다고 이야기한 민수는 차라리 다행입니다. 비슷한 친구를 사귀어서 재미를 느낀 아이는 공부보다 친구들과 노는 데 훨씬 많은 시간을 보냅니다. 하루 종일 휴대폰으로 메신저, SNS, 게임을 하고 마음이 안 내키면 수업도 빠지며 자기 마음대로 살고 있는 유학생들이 수두룩합니다. 분명한 목적과 이유 그리고 아이의 의지가 동반되지 않는 조기유학은 도피일 뿐입니다. 이는 아이의 삶을 바꿔 주지 못하고 삶을 더 피폐하게 만듭니다.

입학을 위한
영어 시험지 샘플

초등 고학년~중1 대상
중2~고1 대상

이 시험지는 유학 가는 학교의 입학 시험 문제를 변형한 것입니다. 아이가 조기 유학을 갈 영어 실력이 되는지 가늠하는 데 활용해 보세요.

초등 고학년~중1 대상

Part 1.

DIRECTIONS: Read each sentence. Then choose one word that is appropriate to complete the sentence.

01 **We call a _____ who is in charge of repairing sinks, toilets, and water pipes.**

A. Banker   B. Plumber

C. Tailor   D. carpenter

02 **When I was away on trip, my neighbours _____ my home.**

A. looked after   B. pick up

C. settle down   D. give up

03 **When you say something to someone's ear quietly and secretly, you _____**

A. cry   B. smile

C. whisper   D. discuss

04 **I can't tell you now. I'll _____ you know later.**

A. get   B. let

C. tell   D. say

05 The train was so _____ that I couldn't get on.

    A. crowed   B. slow

    C. various   D. big

06 We have a _____ climate so the summers are never very hot.

    A. humid   B. high

    C. mild   D. fair

07 It's too _____ here. Why don't you turn on the light?

    A. dusty   B. dark

    C. clean   D. bright

08 No, don't wear red. It doesn't _____ you.

    A. suit   B. take

    C. get   D. fit

09 Can you _____ me the time, please?

    A. say   B. tell

    C. talk   D. speech

10 Do you know how _____ it is from Seoul to Busan? It's 410 km.

    A. much   B. ofen

    C. many   D. far

11 My favorite subject in school was ____, because I like to do experiments.

A. biology   B. Mathematics

C. Histroy   D. English literature

12 Did you enjoy ____ from London to Seoul?

A. flew   B. flight

C. flying   D. fly

13 The shortest month of the year is ____ .

A. January   B. February

C. October   D. December

14 Our ____ rooms contain two single beds.

A. twin   B. double

C. single   D. triple

15 I'm sorry, but our junior English course for this month is ____ booked.

A. fully   B. very

C. fortunately   D. totally

Part 2.

DIRECTONS: Read each sentence. Then Choose the appropriate word or word phrase to complete the sentences.

16 Jane gave _____ a pencil.

  A. him   B. to him

  C. for him   D. his

17 There are two new students in the class _____ boy and _____ girl.

  A. the, the   B. that, the

  C. a, a   D. a, the

18 David and Emma _____ get married.

  A. is going to   B. is goes to

  C. are go to   D. are going to

19 I _____ that film before.

  A. have seen   B. has seen

  C. have saw   D. see

20 How long _____ it _____ to _____ from here to San Diego.

  A. does, get, take B. does, take, get

  C. do, take, far   D. does, take, far

21 Would you like _____ to my birthday party this evening?

A. come   B. go

C. to come   D. to go

22 The sun _____ early in summer.

A. is always rising   B. always rises

C. has rise   D. rising

23 Bill and Grace _____ the street.

A. are   B. are in

C. are to   D. are forward

24 _____ the class room!

A. Not to go   B. Not going

C. Do not going   D. Do not go

25 Where _____ a notebook?

A. can I buy   B. I can buy

C. I buy   D. buy

26 Tim is as good _____

A. Brian   B. as Brian

C. is Brian   D. much Brian

27 _____ good weather.

    A. everybody like   B. everybody is

    C. everybody likes   D. everybody are

28 I didn't see him there. I didn't see _____ .

    A. her too   B. them too

    C. her either   D. her too

29 Mary usually _____ breakfast at 7o'clock.

    A. take   B. has

    C. have   D. takes

30 June _____ play on Sunday

    A. is   B. was

    C. were   D. can

Part 3.

DIRECTIONS: Write the negative forms.

e.g. He moved to London last year.
He didn't move to London last year.

a) She went to see the doctor yesterday.

....

b) They were in Canada last week.

....

c) Jessica's going to change her job.

....

d) Paul's going to clean the house today.

....

e) He goes to the gym every day.

....

Part 1.

DIRECTONS: Read each sentence. Then choose the best answer to complete the sentence.

01 Our teacher doesn't ＿＿＿ us use mobile phones in class.

    A. meet   B. prohibit

    C. allow   D. encourage

02 When the two roads ＿＿＿ at the next traffic light, turn left.

    A. collect   B. distribute

    C. intersect   D. collapse

03 His leg became ＿＿＿ after they put the cast over it.

    A. inert   B. abyss

    C. strong   D. stricture

04 The scientist ＿＿＿ that microorganisms could help treat certain diseases, and they were right.

    A. invented   B. compared

    C. found   D. developed

05 The chef used _____ to make the dish look better.

A. garnish   B. ornament

C. a knife   D. plaster

06 In _____,citizens elect a president.

A. a democracy   B. a propaganda

C. approbation   D. criticism

07 The teacher found out that someone had stolen the answer sheet and began _____ all the students in the class.

A. express   B. interrogate

C. negotiate   D. endure

08 I kept yawning because the class was so _____ that I could hardly stay awake.

A. thrilled   B. humdrum

C. splendid   D. disconcerted

09 She could heard her brother laugh because her classroom was _____ to his classroom.

A. renovative   B. vulnerable

C. inevitable   D. adjacent

10 The bride asked the baker for a(n) _____ of her cake so she could tell everyone the flavors.

A. foretaste   B. compensation

C. loyalty   D. obligation

11 The jury _____ for three days before finding her guilty.

A. comprised

B. detracted

C. deliberated

D. decreased

12 Unfortunately, his explanation did not _____ the teacher.

A. decline

B. convince

C. command

D. demand

13 We were driving along a _____ road along the bay.

A. curved

B. crashed

C. collide

D. conflict

14 The detective made a _____ at the gun.

A. handle

B. shoot

C. group

D. grasp

15 She married a man of _____ manners and tastes as she had wished.

A. sturdy

B. scent

C. refined

D. converse

Part 2.

DIRECTONS: Read each sentence. Then Choose the appropriate word or word phrase to complete the sentences.

16   Diana is busy these days. I can't see _____ very often. New employees joined her team. She is working with _____.

   A. him / them   B. her / them

   C. them / us   D. her / us

17   After _____ years passed, she finally decided to have an operation to have _____ the wrinkles taken away from around her eyes.

   A. many / no   B. some / many

   C. several / all   D. several / few

18   If she _____ me tomorrow, I _____ some difficulty doing the work on my own.

   A. weren't to help / would have   B. weren't to help / will have

   C. doesn't to help / will have   D. doesn't to help / would have

19   _____ I would like to help her, I'm afraid I'm too busy at the moment.

   A. However   B. Despite of

   C. Unless   D. Even if

20 You _____ take an umbrella to prepare for the chance of rain.

A. will

B. are going

C. would better

D. had better

21 I don't have _____ much time _____ I want to watch a movie.

A. more / than

B. as / as

C. too / that

D. such / that

22 English is today the third _____ native language worldwide after Chinese and Hindi.

A. the most spoken

B. the more spoken

C. much spoken

D. most spoken

23 The bookcase was _____ big _____ fit through the elivator door, so we had to take it apart first.

A. too / to

B. more / than

C. so / as

D. enough / to

24 _____ her friends speaks any French.

A. Both of

B. Some

C. Many

D. Neither of

25 We could barely get any information at the map. _____ people seemed to have _____ idea about the address.

A. A lot of / any

B. Only a few / some

C. Many / no

D. Any / no

26 If you would like to know what ＿＿＿ in the construction so far, you ＿＿＿ the interim report at our website.

A. has been completed / may be visited

B. completed / will be found

C. will be completed / should be found

D. has been completed / can find

27 It ＿＿＿ that his art work ＿＿＿ thousands of people in the next years.

A. was thought / will influence   B. is thought / will influence

C. will be thought / influences   D. thought / influenced

28 When her heard the accusations against him, the women ＿＿＿ that she herself was the actual victim.

A. alleged   B. was alleged

C. has alleged   D. will be alleged

29 I had known the plumber was going to take a week to show up, I ＿＿＿ the materials and done the work myself.

A. will get   B. would have gotten

C. might get   D. will have gotten

30 There's paper ＿＿＿ the floor. Please put it ＿＿＿ the recycling basket.

A. into / in   B. in / on

C. on / in   D. at / into

Part 3.

DIRECTIONS: Write the negative and question forms.

e.g. He moved to Busan last month.
He didn't move to Busan last month. Did he move to Busan last month?

a) She had a job interview yesterday.

....

b) Sally has played the piano for six years.

....

c) He often stopped by the cake shop.

....

d) She'll call Katie when she gets home.

....

e) She said the rain was going to stop soon.

....

Part 4.

DIRECTIONS: Reading the following article and answer the question.

Save our Community Center

Your local Community Center is going to be closed down. People have been told they can use another centre 10km away.

You want to start a campaign to save the Community Center. You decide to write a letter to everyone who lives in the area, arguing that the Community Center should be saved, and persuading them to get involved in the campaign.

You have heard some people say:

- Our Community Center has clubs and classes for people of all ages so that they can enjoy.
- I meet my friends in the coffee shop while our children take a art class.
- Getting to the other Community Centre will be difficult.
- What can I do to help save the Community Center?

Write a letter to local people persuading them to join the campaign to save the Community Center.

정답 및 채점 기준

초등 고학년~중1 대상

Part 1-2

01 B	06 C	11 A	16 A	21 C	26 B
02 A	07 B	12 B	17 C	22 B	27 C
03 C	08 A	13 D	18 D	23 B	28 C
04 B	09 B	14 B	19 A	24 D	29 B
05 A	10 D	15 A	20 B	25 A	30 D

Part 3

a) She didn't go to see the doctor yesterday.

b) They were not in Canada last week.

c) Jessica is not going to change her job.

d) Paul is not going to clean the house today.

e) He does not go to the gym every day.

중2~고1 대상

Part 1-2

01 C	06 A	11 C	16 B	21 B	26 D
02 B	07 B	12 B	17 C	22 D	27 B
03 A	08 B	13 A	18 A	23 A	28 A
04 C	09 D	14 D	19 D	24 D	29 B
05 A	10 A	15 C	20 C	25 B	30 C

Part 3

a) She didn't have a job interview yesterday. Did she have a job interview yesterday?

b) Sally has not played the piano for six years. Has Sally played the piano for six years?

c) He didn't stop by the cake shop often. Did he stop by the cake shop often?

d) She won't call Katie when she gets home Will she call Katie when she gets home?

e) She didn't say the rain was going to stop soon. Did she say the rain is going to stop soon?

Part 4의 채점은 다음과 같은 기준으로 합니다.

A 문장 구조와 구두점 사용

- 문장의 다양성, 명료성 및 정확성
- 정확한 구두점(마침표, 쉼표 등) 사용

Level 1	① 간단한 연결사(and, but) 사용 ② 주어와 동사의 반복적 사용(The Sports Center is important…, The Sports Center has clubs…) ③ 대부분 현재형 문장을 사용 ④ 문장들의 구분이 모호함
Level 2	① 문법적으로 크게 틀린 것이 없고 부수적인 연결사를 사용(It is important because people want to get fit…) ② 약간의 주어의 변화(The other community center is… People need buses…)와 시제의 변화(We went to Gym when we were kids. Now my children use the pool). ③ 드문 법조동사의 사용(You could write letters…) 및 형용사를 이용한 단어 변화(long bus ride; bright, modern facilities) ④ 문장들의 구분이 대체로 뚜렷함
Level 3	① 복합적이고 복잡한 문장 구조의 사용 ② 논쟁이나 설득을 위해 부수적 연결사를 사용(Write a letter which will only take a minute…, We have spent many hours because…) ③ 다양한 문장 구조의 사용(질문형/명령형/감탄형) 및 시제 동사의 적절한 사용(과거/현재/미래) ④ 거의 대부분의 문장들이 정확하게 구분되어 있음

Level 4	① 사실을 이야기하는 짧은 문장에서부터(You can learn piano…) 의견을 피력하기 위한 복잡하고 긴 문장들의 사용 ② 설득하기 위한 다양한 문장들의 사용 ③ 문장 내 시제의 변화가 안정적임 ④ 권위가 느껴지는 비인칭 형태의 문장(It is obvious that we should keep this Center…)을 사용
Level 5	① 논점을 강조하거나 설득하기 위해 다양한 구조의 문장 사용(Do you care about this? Yes? Well…, Everyone knows obesity can kill. So help me do something to prevent it…) ② 수동태형 문장을 포함하여 문장 형태의 변화가 매우 안정적임 (These amenities will be lost forever…) ③ 구두점 사용이 안정적이고 명료함 ④ 부사의 적절한 사용

B 글의 구성 및 구조

- 글의 일관성: 전체적인 글의 구조 및 문단의 순서 등. 예를 들어 시작과 끝의 구조
- 글의 응집력: 각각 다른 문단들이 어떻게 연결되는지 등. 예를 들어 소재들의 분류 및 연결

Level 1	① 전체적으로 문장의 구조가 매우 단순함 ② 문장 및 글 전체가 주제에 대해 다루고 있음
Level 2	① 글의 구조가 일반적인 편지의 형태 ② 문장 및 단락들이 중심 생각을 포함하고 있음 ③ 문장 연결이 어색함 ④ 문장의 대부분이 중심 생각에 한정되어 있음

Level 3	① 문단이 모두 편지의 형태에 부합 ② 문장과 문장 사이 약간의 연결성(Another point to consider…) ③ 시작과 끝을 효과적으로 연결하기 위한 시도(I am writing to ask for your support… I hope you will do your best to support the campaign…) ④ 명료한 연결사 사용
Level 4	① 다양한 문단이 연결되어 편지라는 글의 형태를 명료하게 함 ② 문단의 다양성으로 인해 전체적인 글의 구조가 명확 ③ 복잡한 구조의 문장으로 이루어진 문단과 내용 요약을 위해 단순화한 문장으로 이루어진 문단이 어우러져 리듬감이 있음 ④ 논점을 발전시키거나 설득하기 위해 다양한 아이디어의 사용
Level 5	① 전체적으로 논점이 명료함 ② 시작과 끝이 의도적으로 연결되어 글의 완성도를 높임 ③ 글의 응집력을 위해 다양한 기술을 사용(We take less exercise nowadays; in fact, we are becoming a nation of couch potatoes…) ④ 다양한 반응을 끌어내는 표현을 사용하고 그러한 표현이 권위 있는 결말을 도출

C 작문성

- 글의 목적성: 주제와 독자가 잘 드러나는지
- 글의 관점: 글쓴이의 관점이 있고 유지됐는지
- 글의 표현력: 단어나 미사여구 등을 적절히 사용했는지

Level 1	① 관점이 제한적임(I really want the Community Center to stay because I…) ② 편지를 쓰는 목적에 대해 적당히 인지하고 있음. 예를 들어 관련 있는 단어 사용(fitness, club, class…)

Level 2	① 읽는 사람의 이목을 끌기 위한 시도. 예를 들어 시작에 편지의 목적을 설명 ② 글쓴이의 관점이 Community Center의 중요성을 잘 인지함 (There is a football club and we play matches…) ③ 편지에 흔히 쓰는 어휘의 단도직입적인 사용(you must help me, you will be sorry…)
Level 3	① 읽는 사람의 이목을 끔 ② 독자를 상정하고 있고 편지의 목적이 내포되어 있음. 분명하고 일관된 시점. 예를 들어 지역 주민들의 다양한 관점을 보여 줌(For teenagers, this is the only place in the area they can meet…) ③ 섬세한 관점. 예를 들어 Community Center가 문을 닫는다면 지역 주민들에게 끼치는 영향에 대해 이야기(Where will the junior school hold its Volunteer Day?)
Level 4	① 강한 호소력이 담김. 예를 들어 논점에 대한 감정적 호소 등 ② 설득을 위한 다양한 문장 형태를 사용. 예를 들어 의도된 과장(More people will die of heart attacks), 슬로건(Say no to knocking down our Sports Center!), 문장 인용(As Dr Ameet, Head of Cardiology in our hospital, said: "Exercise is essential for a healthy heart.") 등 ③ 일의 복잡성에 대한 관점이 존재. 예를 들어 지역 주민들의 건강 문제(This area already has one of the highest rates of child obesity…), 일에 대한 council의 생각(The council is looking for space to build a new school but…) 등
Level 5	① 설득을 위한 논리가 매우 뛰어나고 편지의 목적에 부합 ② 일의 복잡성에 대해 매우 심화된 관점을 가지고 있고 새로운 관점을 제시(unemployment will have disastrous effects on our town…), 혹은 지역 주민들의 관점을 제시(you may think this has nothing to do with you…)

행복한 아이를 만드는 작은 용기,
조기유학

초판 1쇄 발행 2022년 8월 5일

지은이 홍혜진
펴낸이 金昇芝
편집 이승미
경영지원 현정아
디자인 산타클로스

펴낸곳 블루무스
출판등록 제2018-000343호
전화 070-4062-1908
팩스 02-6280-1908
주소 서울시 마포구 월드컵북로 400 5층 21호

이메일 bluemoosebooks@naver.com
홈페이지 www.bluemoosebooks.co.kr
인스타그램 @bluemoose_books

ⓒ 홍혜진, 2022
ISBN 979-11-91426-50-2(03370)